나는 사업이
가장 쉬웠어요

무일푼 노숙자 100억 CEO되다

나는 사업이 가장 쉬웠어요

무일푼 노숙자 100억 CEO되다

최인규 지음

이코노믹북스

나는 사업이 가장 쉬웠어요

무일푼 노숙자 100억 CEO되다

초판 1쇄 발행 ㅣ 2018년 08월 08일
초판 2쇄 발행 ㅣ 2018년 08월 10일

지은이 ㅣ 최인규
펴낸이 ㅣ 최화숙
기　획 ㅣ 엔터스코리아(책쓰기 브랜딩스쿨)
편　집 ㅣ 유창언
펴낸곳 ㅣ **이코노믹북스**

등록번호 ㅣ 제1994-000059호
출판등록 ㅣ 1994. 06. 09

주소 ㅣ 서울시 마포구 월드컵로8길 72, 3층-301호(서교동)
전화 ㅣ 02)335-7353~4
팩스 ㅣ 02)325-4305
이메일 ㅣ pub95@hanmail.net ㅣ pub95@naver.com

열정이
능력을 이긴다

개천에서 용 난다는 말이 있다. 가진 게 없는 사람들에겐 희망의 메시지였다.

이 말이 사실일까? 하지만 요즘 세상엔 개천에서 용 난다는 건 하늘의 별따기만큼이나 어려운 일이 되었다. 얼마 전 100가구 중 6가구가 흙수저를 탈출한다는 기사를 봤다. 무일푼으로 맨주먹으로 배짱 하나로 개천에서 용이 승천하던 시대는 지나갔다는 말이다.

아무리 노력해도 뒷받침 없이는 용이 되어 승천하기는 쉽지 않은 시대이다. 가난한 집 아이들이 공부를 잘해 집안을 바꾸어 놓던 시대. 그때는 공부 하나로 인생 역전을 이루기도 했었다.

요즘은 어떠한가. 있는 집 아이들이 더 공부를 잘한다. 학원, 과

외로 뒷받침을 받는 아이들과 그렇지 못한 아이들의 격차는 날 수밖에 없다. 물론 몇 배 노력을 해 뛰어넘는 사람도 있지만 아주 극소수이다.

그래서 수저 계급론이 나오게 된 거 같다. 금수저, 흙수저로 환경을 나누는 시대. 금수저보다 더 잘난 집안을 다이아몬드수저라 부르는 걸 보며 씁쓸하게 웃은 적이 있다. 태어날 때부터 금수저를 물고 나온 사람과 흙수저를 물고 나온 사람. 두 사람의 격차는 태어나는 순간부터 경쟁 대상이 되지 못하고 있다.

국정혼란과 대외적 불확실! 경기는 침체되고 청년실업률은 높아만 간다. 대학을 졸업한 고학력 청년층의 실업률이 증가하고 있다. 대학만 졸업하면 길이 열리던 시대는 옛말이 되어 버렸다. 거기다 100세 시대이다 보니 장년층들의 일자리 또한 심각하다. 아들과 아버지가 취업 경쟁을 벌인다니 웃지 못 할 일이다.

나는 공고를 졸업하고 대학 문턱에도 가보지 못했다. 한때는 이단종교에 빠져 펄펄 나는 젊은 혈기를 낭비해 버렸다. 미래에 대한 꿈과 희망도 갖지 못한 채 10년이라는 세월을 세상과 단절하며 살았다. 그리고 종교 단체에서 쫓겨나다시피 해 노숙자가 되었다.

내 어린 시절은 지독히도 가난했다. 그래서 돈만 있으면 모든 게 해결되고 행복할 수 있다고 믿었다. 돈, 그게 나에게 가장 큰 관심대상이자 간절한 바람이기도 했다.

새벽에 나가 농사를 지으셨던 부모님은 여섯 자식들을 제대로 돌볼 수 없었다. 거기다 생활도 궁핍하다 보니 아이들을 챙긴다는 건 엄두도 낼 수 없던 상황이었다. 어느 날 학교에서 도시락을 펼쳐 보니 어려운 생활에 제대로 된 반찬을 싸 주지 못한 어머니가 넣어주신 시커먼 생된장이 들어 있었다. 너무 창피해 도시락 뚜껑을 덮어 넣어버렸다. 잊어버리고 도시락을 가져오지 않았다며 점심을 굶은 적이 있었다. 나이가 드니 부모님의 마음이 헤아려져 가슴이 찡해지곤 한다.

그렇게 힘든 생활이 부끄럽고 한이 되었지만 돌이켜 생각해 보니 그 어려움이 내가 살아가는 발판이 되었던 거 같다. 어려움 앞에서도 굴하지 않는 끈기. 그것은 나의 어려운 어린 시절이 내게 만들어 준 가장 큰 자산이라 생각한다.

현재 나는 인터넷 쇼핑몰 10여 개와 1,000평 규모의 매장 2개, 300평 규모의 잉크토너 공장을 운영하며 연매출 100억 원을 달성하고 있는 기업의 CEO가 되었다. 수저 계급으로 따지자면 흙수저 중 가장 밑바닥 흙수저인 내가 이렇게 이루기까지 수많은 어려움과 싸워야 했다. 철없던 시절엔 학벌과 가난에 주눅이 들기도 했지만 땀과 열정으로 그것을 뛰어넘으려 노력했다. 어려운 시절이 없었다면 쉽게 좌절해 버렸을지도 모른다.

맨주먹으로 여기까지 온 건 오로지 내 '땀과 열정'이다. 성공한 사람들은 바닥을 치니 올라갈 일만 있더라 말하지만 아무것도 없이 시작하는 사람에겐 먼 나라 이야기로 밖에 들릴 수 없다. 하지만 내가 이루고 보니 푸념하며 탓만 하는 것은 정신적 피폐만 가져올 뿐이다.

그럴 시간이 있다면 앞으로 나갈 길에 열정을 쏟아야 한다. 열심히 해도 생기는 장애물이 있다. 그 장애물을 넘어갈 때의 희열과 성취욕을 생각해 본다면 뛰어넘을 용기와 열정이 생기게 된다.

철없는 생각으로 시간과 정신 소모를 하며 보냈던 시간들. 난 그 시간들도 후회하지 않는다. 그런 시절이 있었기에 좀더 성숙해지고 세상 보는 눈이 열렸다고 생각한다. 긍정적 마인드, 그것 또한 역경을 딛고 일어서기 위해 스스로 인내하며 만들어갔다.

'생각대로 이루어진다. 말한 대로 거둔다.'

역경이 올 때면 더더욱 내 마음을 다지려 노력했다. 물론 인간인지라 그냥 주저앉고 싶은 마음이 왜 안 들었을까. 그렇지만 나는 암울했던 시절을 떠올리며 힘껏 주먹을 쥐어 보곤 했다. 가진 게 없는 환경을 탓해 봤자 바뀌는 건 없다. 하지만 생각을 바꾸면 어려운 환경이 기회가 되기도 한다는 걸 뼈저리게 느꼈다.

무거운 복사용지를 들고 수많은 계단을 오르내리며 흘린 땀. 그것은 더 이상 학벌과 가진 것 없는 환경에 머무를 수 없다는 생각을 다지게 만들었다. 열정으로 만들어진 땀. 그것이 지금의 나를 있게 한 원천이다.

고학력 실업률이 높아지고 있는 현실을 보면 안타깝다. 대학 입시보다 어려운 취업 고시. 명문대에 들어갔다고 좋아할 수만 없는 시대가 되었다. 아직도 학벌을 중요시하는 시대이지만 학벌이 취업과 연결되는 시대는 지났다는 말이다.

스페셜리스트가 되어야만 빠르게 변화하는 시대에 뒤떨어지지 않고 경쟁에 앞설 수 있다. 맨주먹으로도 이룰 수 있는 자신만의 강점이 분명히 있다. 남들이 하니까 따라하기 식으론 뱀의 머리도 될 수 없고 용의 꼬리도 잡을 수 없다.

난 끈기와 열정이 내 강점이라 생각했다. 그래서 더 열심히 열정을 쏟아부었다. 땀을 흘릴수록 무지개 미래가 보였다. 오로지 열정 하나로 상상하는 무지개가 아닌 현실의 무지개를 만들어냈다.

세월이 흘러 직원 70여 명의 생계를 책임져야 하는 자리에 앉아 먹고사는 문제가 아닌 더 큰 기업, 위대한 기업으로 나아가기 위해 고군분투하고 있다. 무지개를 만들었지만 희미해져 가지 않도록 더 열정을 쏟아붓고 있다. 더 큰 미래를 위해서.

"열정이 능력을 이긴다!"

젊다는 것 하나만으로도 큰 능력인데, 거기에 열정을 더하면 못할 일이 무엇이겠는가? 내 삶도 그랬고 주위 사람들을 봐도 그렇다. 열정이 넘치는 사람을 당할 수는 없다. 거기다 즐기는 사람은 더 이길 수가 없다. 열심히 하는 사람도 즐기는 사람은 이길 수 없다고 하지 않는가.

고난과 역경도 즐기며 이겨내는 사람은 더 찬란한 무지개빛을 보게 된다. 나 스스로 느끼며 봤다. 그래서 과감하게 말할 수 있다.

일본 사람이 즐겨 기르는 '코이'라는 비단잉어는 작은 어항에 넣어두면 5~8cm가량 자라지만, 수족관에 넣어두면 15~25cm, 바다에 던져 기르면 90~120cm까지 자란다고 한다.

집안 배경, 스펙 따위로 자신의 능력을 한계 짓지 마라! 당신도 마음만 먹으면 120cm까지 자랄 수 있는 가능성이 있는 사람이다.

"안 된다고 생각하면 핑계거리만 보이고,
된다고 생각하면 되는 방법이 보인다."

이 책이 수저 계급론에 허탈해 하는 사람, 불확실한 미래에 대해 불안해하는 사람, 난 뭘 하며 살아야 하나 막연함에 좌절하고 싶은 사람들에게 용기와 열정을 불어 넣어주었으면 좋겠다. 나 또한 글을 쓰면서 다시 한 번 내 자신을 다듬는 기회가 되었다.

최 인규

CONTENTS

chapter 3 / 손해의 부메랑을
이익으로 받다

chapter 6 / 긍정의 힘과
상상력의 힘

Chapter 1

어느 순간 나는
노숙자가
되어 있었다

나만이 내 인생을 바꿀 수 있다.
아무도 날 대신해 해줄 수 없다.

ㅡ 캐롤 버넷

01

노숙자가 된
나

99년 1월 지독히도 추운 겨울, 나는 길바닥으로 내팽개쳐져 노숙자가 되었다. 가족, 친구도 없이 홀로 돈 한 푼 없어 차가운 겨울 한기를 온몸으로 견뎌야 했다. 정말 처절하게 고독하고 살이 에이게 아픈 시간이었다.

여름에 열대야 때문에 잠 못 이루다 밖에서 자는 사람도 있다. 하지만 노숙자가 아니라면 누가 한겨울에 길바닥에서 잠을 자려 하겠는가. 강추위 속에 노숙을 하는 심정, 그건 겪어보지 못한 사람들은 이해하지 못한다. 신문지 한 장이 이불인 노숙자. 그게 따뜻한 온기를 줄까 생각하지만 노숙자들에겐 추위를 덮어주는 신문지가 더 없이 고맙기만 하다. 물론 담요와 비교가 될 수 있겠는가. 하지만 신문지 한 장에 추위를 이겨내는 사람들은 그 한 장으로도 따뜻함을 느낄 수 있다. 그것마저 없다고 생각한다면 그 신문지 한 장은 큰 위력을 발휘하게 된다.

노숙을 하던 어느 날 밖이 너무 추워 눈에 띄는 한 건물로 들어갔다. 그곳에서 내가 쉴 곳은 화장실이 유일했다. 화장실 구석에 쭈그리고 앉아 몸을 녹이려고 했다. 그런데 밖이나 다름없는 한기를 느껴 창문을 올려다봤다. 화장실 창문이 깨져 있었다. 다른 층 화장실을 찾아 들어가려 했지만 2층부터는 문이 굳게 닫혀 있었다. 하는 수 없이 계단 모서리에 쪼그리고 앉아 어금니를 깨물며 추위와 싸웠다. 힘들고 추운 겨울밤은 왜 그리도 길고 긴지. 그때 이를 악물며 생각했다.

"더 이상 이렇게 살 수는 없다."

추위를 피하려 남의 건물에 들어가 잠을 청하던 노숙자인 내가 현재 연매출 백 억 기업의 CEO가 되었다. 드라마 같은 반전 아닌가?

왜, 나는 노숙자가 되어야 했을까?

난 경남 합천에서 태어났다. 5남1녀 중 넷째이다. 중간 자식은 부모님의 사랑을 덜 받으며 자란다고 하지만 궁핍한 생활에 부모님으로부터 특별히 사랑받는 자식은 없었던 거 같다. 우리 형제들 모두 그런 부모님을 원망하거나 투정을 부려 본 적이 없다. 먹고 살기 빡빡한 살림살이 때문에 누가 사랑을 덜 받고 더 받고의 관심은 없었다.

내가 다섯 살 되는 무렵, 너무 궁핍한 생활을 하는 부모님에게 논 스무 마지기, 밭 열 마지기를 소작하게 해줄 테니 창원으로 오라며 친척으로부터 연락이 왔다. 그래서 우리는 창원으로 이사를 했다. 부모님은 농사를 짓는 게 벅차고 힘드셨지만 어린 자식들을 생각하며 묵묵히 일을 해내셨다. 어려움을 견디며 살아보니 그때 두 분이 얼마나 힘드셨을지 헤아리게 된다.

인문계 고등학교를 진학할 수 있었지만 대학을 갈 형편이 아니었기에 포기를 했다. 고등학교만이라도 제대로 나와 취직을 해 돈을 버는 게 우선이었다. 그래서 구미에 있는 금오공고에 진학했다. 당시에는 '공업입국'이라 해서 금오공고에 가면 학비, 책, 가방, 옷 등 학업에 필요한 모든 것들을 국가에서 무상으로 지원해 주었다. 그 대가로 졸업 후 군대 부사관으로 5년 동안 의무 복무를 해야 했지만 고등학교를 다닐 수 있게 된 것만으로도 너무 다행스럽고 감사했다. 열일곱 나이에 홀로 구미로 유학을 떠난 셈이었다. 어린 나이에 외지에서의 생활은 너무 외롭고 힘들었다.

고 2 때 외로움을 견디고자 우연히 대구에 있는 교회를 가게 되었다. 새 신자를 따뜻하게 환대해 주는 분들의 마음씀씀이에 감동받아 열혈 신자가 되었다. 가족 같은 그들의 보살핌에 종교에 더 푹 빠져들었다. 학교에서도 맨 뒷자리에 앉아 수업 시간에 성경을 읽으며 공부엔 소홀했다. 성적은 점점 바닥을 향했고 목사를 꿈꾸게 되었다. 그렇게 28세까지 10년간 종교에 빠져 살았다. 군복무하면서 모아놓았던 돈과 퇴직금을 쏟아부으며 10년간 기독교뿐만 아니라 민족 종교까지 종교라는 종교는 다 쫓아다녔다. 기독교에 입문해서는 장로교부터 시작해 이름만 들으면 다 아는 이단 종파들까지 섭렵하고 다녔다. 유명 이단 종파에서 500~600명의 사람들 앞에서 설교도 하고 성경을 가르치기도 했다. 대단한 열정으로 활동하던 시기가 27살이었다. 성경을 알고 싶다는 마음으로 돌아다녔는데 결국 모든 종파를 전전한 결과가 됐다. 마지막에는 유명 이단 종파 교주와 교리를 포함한 여러 문제점을 놓고 공개 토론까지 벌였다. 결국 믿었던 환상이 깨져 그 종교단체에서 나오게 되었다. 계획을 세우고 교회를 나온 게 아니어서 교회를 이탈하는 순간 그냥 세상에 내던져진 꼴이 되었다.

종교 생활 10년은 세상과 단절된 산속 생활이나 다름없었다. 세상 속이지만 가족이나 친구들과 인연을 끊고 살았기 때문이다. 그렇게 10년을 인연을 끊으며 살고 나니 교회 밖에서 내 한 몸 의지할 데가 없었다. 그렇게 난 노숙자가 되었다.

밤에는 노숙을 하고 낮에는 구인광고를 보며 직장을 구하러 다녔다. 남들은 사회에 뛰어들어 한창 활동하고 있을 나이에 나는 군대 5년, 이후 계속해서 종교에 빠져 있었으니 사회 물정 모르고 사회성 없는 나를 써 주는 곳은 없었다. 하지만 구인 광고를 보며 가리지 않고 찾아갔지만 번번이 면접에서 떨어졌다.

결국 입에 풀칠을 하기 위해 몸으로 때우는 막노동을 했다. 한겨울 공사판에서 못도 뽑고 시멘트도 나르면서 하루하루를 견디는 하루살이가 되었다. 당시 종교단체에서 함께 나온 지금의 아내인 여자친구에게 돈을 빌려 대구 심인고등학교 앞에 15만 원짜리 월세방을 구해 간신히 노숙 신세는 면하게 되었다. 연락할 곳도 없는 철저히 혼자인 난 '나를 지켜 줄 사람은 나뿐이다'는 걸 뼈저리게 느꼈다. 점점 독해졌다.

종교단체에서 나오면서 입고 나온 검은 점퍼는 노숙할 때 나를 지켜 준 옷이다. 노숙을 벗어나고도 한동안 그 점퍼를 버리지 못했다. 처음에는 다시 길바닥으로 나앉을지 모른다는 불안감 때문에 비상식량을 비축하듯 간직해 두었다. 사업이 잘 되고 있을 때도 노숙을 하면서 이를 악물고 결심했던 다짐들을 되새기기 위해 버리지 않았다. 거의 10년을 입지도 않는 옷을 간직하며 혹시라도 마음이 해이해질까 마음을 다졌었다. 그러다 2010년에 과감히 그 옷을 버렸다. 초심을 버린 것이 아니다. 새로운 꿈을 위해 암울함을 날려 보내려 한 것이다.

노숙은 나에게 꼭 필요했던 삶의 한 과정이었다. 더 멀리뛰기 위해 한껏 몸을 낮추어야 하고, 실패를 해본 사람이 더 단단한 성공을 이루어 내듯이 가장 밑바닥까지 내려가 봤기 때문에 이만큼 도약할 수 있지 않았을까 생각한다. 그래서 암울한 내 노숙 생활은 인생의 가장 소중한 추억이 되었다. 아픔이 추억으로 성숙될 수 있다는 것도 깨달았다.

02
학습부진아였던
나

어린 시절 내 부모님은 늘 바쁘셨다. 가난한 데다 농사일이 바쁘니 자식들을 하나하나 챙길 여력이 없으셨다. 거기다 자식이 여섯이나 되니 그저 끼니 안 거르고 학교만 잘 다녀도 고맙게 생각하셨다. 요즘 말로 하자면 '방목형 부모님'이셨다. 내가 학교에서 공부를 잘하는지 선생님 말씀은 잘 듣고 교우관계는 어떤지 일일이 간섭하지 않으셨다. 사실 학교를 제대로 다녀 본 분들이 아니다 보니 어떻게 가정교육을 해야 하는지도 잘 모르셨다.

초등학교 3학년 어느 날 갑자기 아버지가 내 이름을 써보라고 하셨다. 나는 눈앞이 캄캄해졌다. 솔직히 난 그때까지 글자를 몰랐었다. 이름을 못 쓰고 머뭇거리자 아버지께서 처음으로 회초리를 드셨다. 당신 자신은 배우지 못해 몰라도 초등학교 3학년이나 된 아들이 이름도 못 쓴다는 사실에 화가 많이 나신 것이다. 그때 아버지의 표정이 아직도 생생하게 머리에 남아 있다.

5학년 때는 나눗셈을 못해 선생님께 많이 혼나고 맞기도 했었다. 나눗셈도 중학교 가서야 알았다. 그러니 초등학교 때까지 내 학습 능력이 어땠는지는 불 보듯 뻔하다. 부모님의 가정교육을 탓할 일이 아니었다. 초등학교 때까지 재미없는 공부에 관심이 없던 난 수업 시간에 딴청 부리기 일쑤였다. 공부를 왜 해야 하는지 의문이었다. 선생님이 무슨 말씀을 하는지 귀에 들어오지 않고 창밖을 보며 무슨 새일까, 나비, 잠자리 그런 것만 생각했었다.

"창밖에 새와 나비가 날아다니네."

그렇다고 문학적 소년도 아니었다. 집중력이 떨어져 학업에 전념하지 못했다. 요즘 같은 시대라면 진단을 받고 문제 개선을 할 수도 있었겠지만 그런 게 없었던 시절엔 나 같은 아이들은 그저 그렇게 방치되었다. 점차 아이들과 학업 차이는 벌어질 수밖에 없었다. 그러다 보니 점점 더 학업에 흥미를 잃어버렸다.

부모님과 형제들도 나의 학업 부진에 관심을 두지 않았다. 무관심이 점점 학업과 동떨어지게 만들어 친구들과 산으로 들로 뛰어다니며 놀기만 했었다. 요즘 초등학교 동창들을 만나면 나라는 아이에 대한 기억은 공부 못하고 조용한 아이로 기억하고 있는 친구들이 많다.

신문 배달을 하며 중학교를 다니던 때 철이 들기 시작했는지 고등학교 진학을 고민하면서 공부에 관심을 갖게 되었다. 많이 뒤떨어져 있던 난 남보다 몇 배 열심히 노력해야 했다. 1년 정도 정말 열심히 했었다. 그러다 보니 상위권으로까지 성적이 올랐다. 성적이 오르자 공부에 흥미가 생기기 시작했다. 방과 후 소에게 풀을 먹이러 갈 때도 단어장을 가지고 가거나 수학공식을 써서 다닐 정도였다. 그렇게 열심히 하자 영어 점수가 백점이 나왔다. 아이들의 관심도 받게 되었다.

내 경험으로 비추어 볼 때 기초를 놓치면 따라잡기 힘들다는 말은 믿지 않는다. 강한 의지로 더 많은 노력을 투자한다면 안 되는 일은 없다고 생각한다. 물론 뒤처진 사람들이 그런 각오를 갖게 되기까지가 어려운 일이다. 주변에서 아무리 말해도 귀가 열리지 않은 사람에겐 어떤 말을 해도 들리지 않기 마련이다. 스스로 깨우치는 게 가장 좋은 특효약이다.

이름도 못 쓰던 초등학교 3학년, 그때 부모님이 날 다그치며 몰아세웠다면 오히려 공부라는 거와 영원히 담을 쌓았을지도 모른다. 중학교 때 수학을 못 하는 내게 회초리를 들었던 선생님, 그 선생님이 내게 모욕감을 주었다면 수학의 '수'자만 들어도 경기를 일으키며 멀리했을지 모른다. 하지만 부모님과 선생님은 회초리를 들며 내가 깨우치게 만들어 주셨다.

세상이 변해 자신이 하고 싶은 걸 하기 위해 중, 고등학교 중퇴를 하는 사람, 학교 공부가 다가 아니라고 생각해 홈스쿨링을 하는 사람들을 간혹 본다. 기본 교육을 이수하지 않고 사회에서 성공할 수 있을까. 대학만 나오면 취업이 보장되던 시대에는 말도 안 되는 이야기였다. 자신의 꿈을 위해 고등학교 중퇴를 하고 대중음악의 한 획을 그은 서태지. 그가 성공했기에 그런 결정이 멋있어 보이기도 하지만 성공을 이룬 사람들의 사고는 뭔가 다르다. 세계적으로 명성을 얻은 빌 게이츠, 스티브 잡스도 대학 중퇴로 고졸이다. 대학 졸업장이 더 이상 성공의 보장이 안 되는 시대가 되었다. 그렇다고 100프로 그렇다는 말은 아니다. 어디에 속하든 자신의 노력 여하에 따라 성공과 실패의 갈림길을 만들게 된다.

명문대 졸업장이 스펙을 만들어 주는 건 분명한 사실이다. 하지만 졸업장 하나로 인정받는 시대는 지났다는 말이다. 요즘 대기업 면접 시 스펙보다 능력을 우선시한다고 한다. 백그라운드나 대학 간판의 차이를 극복하고 능력으로 경쟁할 수 있게 되었다. 스펙 때문에 열심히 노력해 쌓은 능력이 과소평가되었던 시대. 그 시대에서 불합리하게 뒤처졌던 사람들은 시대의 변화에 박수를 아끼지 않는다.

물론 난 그들처럼 하고 싶은 거에 몰두하기 위해 공부와 거리를 둔 건 아니었다. 방목형인 가정교육에 물들여져 자유로운 영혼이 되었다. 그러다 보니 틀에 박힌 것이 싫었다. 어쩌면 그래서 노숙자였던 시절에도 잘 견디었을지 모른다.

학업에 관심이 없어 부진아였던 초등학교 시절에도 혼자만의 생각은 깊었었다. 그게 창의적 사고를 만들어 준 거 같다. 그런 것들이 역경을 이겨내는 정신력과 새로운 미래를 개척해 나가는 사고를 열어 주었다.

그런 사고의 틀이 남들이 시도하지 않았던 일을 하게 만들었다. 전국 최초로 다 쓴 폐잉크, 폐토너 수거 사이트(www.inktong4989.com)를 만들었고 수거된 폐카트리지로 전국에서 다섯 손가락 안에 드는 규모의 재생 잉크, 재생 토너 공장을 설립했다. 잉크/토너, 전산/사무용품과 공구, 완구, 생활용품 등 10만여 가지의 제품을 아우르는 동종업계 전국 최대의 복합매장과 인터넷 쇼핑몰을 만든 것은 대한민국 최초였다. 쇼핑몰이나 매장 곳곳에도 남다른 나의 아이디어들이 숨어 있다. 그것이 차별화 전략을 이루었다.

사람들이 만들어 놓은 길을 그대로 따라가면 차별화 경쟁에서 뒤처져 시시각각 변화하는 시대에 발맞추어 앞으로 나아갈 수 없다. 레드 오션 속의 블루 오션을 캐는 것, 그것이 치열한 경쟁에서 우위에 서는 길이라 생각한다. 그래서 난 현재에 안주하지 않고 늘 창의적 고안을 해 보려 노력하고 있다.

지금은 당당하게 말하지만 학습부진아였다는 것이 부끄러울 때도 있었다. 하지만 그런 경험이 오히려 더 노력하는 자세를 만들어 줬다고 생각한다. 그렇다고 그런 경험을 만들라는 말은 절대 아니다. 자신의 약점을 강점으로 만들어 가는 것, 그것이 가장 강력한 강점으로 자리 잡을 수 있다는 거다.

시대와 고객 욕구의 흐름을 빨리 읽어 내는 자가 경쟁 우위에 서게 된다. 난 그 감을 개발하려 오늘도 사람들 속에서 머리를 열고 배움의 자세로 하루하루를 충실하게 임하고 있다. 또 다른 무지개 빛을 만들어 보려는 간절한 희망이 내 의지와 열정에 불을 지피고 있다.

03

내 도약의 발판은
칭찬이었다

내 어머니는 학교 교육을 받아보지 못한 까막눈에 일밖에 모르는 전형적인 시골 분이셨다. 하지만 내 어머니의 장점이자 강점은 칭찬이었다. 어머니의 후한 칭찬은 찌든 생활을 풍요롭게 만들어 주었다. 요술방망이 같은 어머니의 칭찬 한마디, 난 그 덕에 아무리 악조건 속에 있을 때도 긍정적인 사고를 가질 수 있었다고 생각한다. 긍정적인 사고는 대학도 못 나온 내가 인터넷 쇼핑몰을 어떻게 할 수 있을까에서부터 나는 안 된다는 수많은 생각들을 극복할 수 있게 했고 미래를 바꿀 수 있게 했다. 나이가 들고, 여러 역경들을 견디고 보니 뼈저리게 느끼고 있다.

100년이 지났지만 아직도 미국 사람들의 가슴에 자리 잡고 있는 링컨 대통령. 난 그의 이야기를 알게 되면서 내 어려움은 사치였을지 모른단 생각을 했었다.

링컨은 가정이 너무 어려워 7살 때 집을 쫓겨났고 9살에는 어머니까지 잃게 되었다. 어린 나이에 감당하기엔 너무 큰 고통과 슬픔이었을 것이다. 링컨은 "기회는 기다리는 것이 아니라 찾아다녀야 하는 것이다"라는 어머니의 유언을 늘 가슴에 품고 살았다. 실직, 파산 등 삶의 풍파로 우울증과 신경쇠약을 겪기도 했다. 그러나 어머니의 유언을 가슴에 품은 링컨은 포기하지 않고 인내와 도전으로 1860년 미국 대통령 당선이라는 성공의 신화를 낳게 된다. 수많은 실패 속에 정신병까지 앓았던 링컨. 그는 삶을 포기하지 않았다. 오히려 그럴수록 기회를 찾아다녔다. 그런 의지와 인내가 결국 성공의 키를 잡게 된 것이다. 링컨이 중도에 포기하였다면 오랜 시간 국민들의 가슴에 남는 업적을 남기는 대통령이 되지 못했을 것이다.

돌아가시면서 남긴 어머니의 말 한마디가 링컨의 인생을 바꾸어 놓은 셈이다. 나 역시 어려운 생활에도 긍정적인 사고를 가지신 어머니의 칭찬. 그 말 한마디에 빛을 보는 힘을 가지게 되었다. 내 긍정적인 사고의 뿌리를 내려주신 건 어머니였다.

어린 시절 부모님과 육 남매, 여덟 식구가 방 두 칸에서 살았다. 노숙자 시절에는 북적대고 좁지만 따뜻한 온기는 남아있던 그 방이 그립기도 했었다. 나이가 들어 회상해 보니 어둡고 찌든 가난에 힘겨웠지만 좁은 방안에 우리 가족의 정이 가장 많이 쌓여 있었던 거 같다. 방 한 칸에서 신혼 생활을 하며 집 장만이 꿈이었던 어느 부부는 그 꿈을 이루고 되돌아보니 좁은 방에서 알콩달콩 살았던 때가 가장 정을 많이 쌓았고 행복했다는 말을 들은 적이 있다. 그 이야기를 듣고 공감했었다. 나도 숨 막히고 싫었던 그 시절을 회상해 보니 가족 간의 정이 가장 많았던 거 같다.

핑계 없는 무덤 없다지만 난 그런 집에서 공부를 제대로 하지 못했다. 공부를 파고드는 아이들을 보면 환경이 큰 문제가 아니기도 하지만 난 공부와 담을 쌓고 살았다. 그저 가방 들고 학교를 다니는 아이였다. 초등학교 3학년 때까지 이름도 못 썼으니 요즘 아이들이 그런 내 모습을 보면 뭐라 할지 나도 웃음만 나올 뿐이다. 그런 내가 철이 들었던지 중학교를 진학하고 공부에 관심을 갖기 시작했고 밑바닥을 왔다 갔다 하던 성적이 상위권으로 진입했다.

"네가 이렇게 가난한 집에 태어나서 이만큼 하는 게 어데고! 우리 아들 정말 대단하대이. 너는 장래 크게 될 끼다!"

어머니는 내 어깨를 쓰다듬으며 흐뭇해하셨다. 그 말에 힘입어 더 열심히 공부했었다.

아버지는 미래에 대한 계획도 없이 하루하루 살아가는 것에만 관심을 두고 술을 좋아하셔서 매일 술을 드셨다. 어머니는 그런 남편을 원망하지 않고 자식들에게 넋두리나 화풀이도 하지 않으셨다. 오히려 칭찬을 해주시며 기를 살려주신 어머니. 난 그런 어머니가 내 어머니였다는 사실이 너무 감사하고 행복했다.

밥을 잘 먹으면 "밥을 복스럽게 먹네. 밥을 복스럽게 먹으면 인복이 있다. 니는 장래에 인복이 많을 끼다." 하셨고, 글씨를 쓰면 "니는 글씨를 참 바르게 쓴다. 마음이 곧아야 글씨도 잘 쓰는 긴데, 니가 마음이 곧으니 글씨를 잘 쓰는 기다." 하셨다. 소소한 것을 놓치지 않고 칭찬을 하셨던 어머니 덕에 난 자신감을 가졌었다. 어머니가 내게 물려주신 가장 큰 자산이다. 나도 내 두 아들에게 어머니에게 받았던 것처럼 칭찬의 기를 듬뿍 주려 노력하고 있다.

몇 년 전 모 방송 프로에서 말의 씨에 대한 실험을 본 적이 있었다. 밥을 두 유리 용기에 넣고 한 용기 밥에게는 매일 "재수 없어, 미워"라는 말을 해주었고 다른 한 용기 밥에게는 "사랑해, 고마워"라는 말을 해주었다. 삼 주 후 두 밥의 결과는 너무도 달랐다. 전자의 밥은 시꺼먼 색을 띠며 역겨운 냄새를 피우는 반면 후자는 누런색을 띠며 구수한 누룽지 향을 발산했다.

그걸 보며 생각과 말의 힘이 얼마나 대단한지 새삼 실감했었다. 그런데 많은 사람들은 가장 사랑하는 사람에게 사랑이 아닌 불행의 씨앗을 뿌려주고 있다. 더구나 가장 소중한 자신에게 "난, 왜 이 모양일까", "타고난 팔자가 이러니"라며 자신감이 열리지도 못하게 스스로가 훼방을 놓고 있다. 이런 생각들이 어떤 열매를 맺게 할지 뻔하지 않은가.

난 그 방송을 본 후 새삼 깨닫게 되어 내 자신에게도 칭찬을 아끼지 않으려 노력한다.

"최인규, 넌 정말 멋진 놈이다!"

"역시 너는 달라!"

힘겨운 일이 생길 때마다 더더욱 내 자신에게 용기라는 놈이 불끈 솟아 오르게 하고 있다. 누군가에게 인정받기를 원하면서 정작 자기 자신은 인정해 주지 않는 사람이 너무도 많다. 자신을 사랑하지 않고 인정하지 않는데 누가 자신을 인정해 주며 사랑해 줄까. 나 스스로를 가장 많이 사랑해 주려 노력하고 있다.

"칭찬은 고래도 춤추게 한다"는 세계적 경영컨설턴트 켄 블랜차드의 책으로 널리 알려진 말이다. 무서운 포식자인 범고래를 훈련시킨 결정적 비법은 칭찬이었다. 언어적 소통이 안 되는 동물과 인간 사이에서도 칭찬과 질타의 감정이 교류한다는 점이다. 위의 밥의 예를 봐도 알 수 있다. 집에서 기르는 식물도 사랑의 손길을 주고 거기다 사랑의 표현까지 해주면 쑥쑥 자란다고 하지 않는가. 하물며 언어적 소통이 되는 인간끼리는 말할 나위없다.

칭찬의 기술은 많이 배우고 못 배우고의 차이에서 나오는 것이 아니라고 본다. 립서비스식 칭찬은 오히려 나쁜 감정을 쌓게 만들기도 한다. 자신감과 여유로운 사고를 가진 사람은 진심 어린 칭찬을 한다. 칭찬을 받는 사람보다 칭찬을 하는 자신이 더 행복하고 관계를 리드한다는 걸 잘 알고 있기 때문이다.

어렵고 힘들 때일수록 자신에게 칭찬을 던져 보자. 그것이 어떤 싹으로 피어날지를 상상해 보면서 말이다. 희망하는 열매를 위해 시들어 뿌리가 뽑히지 않도록 해 보자. 돈과 힘 안 들이고 풍성한 열매가 열리게 하는 요술방망이, 그게 바로 칭찬의 힘이 아닐까.

04

사업가 기질을
찾아내다

어릴 적 내 꿈은 사업가였다. 직장을 다니며 타는 봉급으로는 너무 가난한 생활을 극복해 나가기 힘들다고 생각했었다. 가난을 극복할 수 있는 돈, 나의 가장 큰 관심사였고 그것이 행복까지 가져다줄 거라 믿었었다. 내게 긍정의 씨앗을 아낌없이 뿌려주신 내 어머니를 호강시켜 드리고 싶다는 간절한 소망도 있었다.

초등학교 때까지 공부는 안 했지만 돈 되는 일에는 관심이 많았다. 그때 건강원을 운영하던 이모가 개구리를 잡아오면 마리당 50원을 주겠다는 말에 귀가 번쩍 뜨였다. 그 당시에는 논이나 개울가에서 쉽게 볼 수 있는 게 개구리였다. 그걸 마리당 50원을 준다니 귀가 솔깃하지 않을 수 없었다. 학교가 끝나자마자 양파 망을 들고 개구리를 잡으러 다녔다. 짭짤하게 돈 버는 재미에 공부는 더 뒷전이 되었지만 신이 나 있었다.

그러던 어느 날 조회 시간에 남의 논을 밟고 다니는 녀석이 우리 반에 있냐는 선생님 말씀을 듣고 놀라 뜨끔했었다. 개구리를 잡는다고 남의 논을 밟고 다녔더니 논 주인이 학교로 민원을 넣은 것이다. 그 주인공이 나란 걸 아는 친구들의 힐끔거리는 시선에 홍당무가 되었었다.

뱀도 잡으러 다녔었다. 그 당시 뱀탕집에서 독사 한 마리에 2천 원을 줬으니 힘들게 개구리 40마리 잡는 것보다 까치독사 한 마리 잡는 게 시간이나 노력 면에서 훨씬 남는 장사라는 생각이 들었다. 위험부담은 높지만 돈맛을 알게 된 난 뱀을 잡으러 다녔다. 잡은 뱀을 팔아 번 돈으로 아버지께 담배와 술을 사드렸다. 아버지는 묵묵히 받으셨지만 어머니는 "니가 벌써부터 효도를 하는구나! 우리 아들 최고다." 하시며 칭찬해 주셨다. 효자가 된 기분에 실망시켜 드리고 싶지 않아 더 열심히 뱀을 잡으러 다녔었다.

중학교 때는 신문 배달을 해 용돈을 벌었다. 가난이 내게 물려준 것 중 하나가 강한 정신력이다. 친구들과 한참 놀고 싶은 나이에 돈벌이를 위해 나가는 내 자신이 처량하다는 생각도 했었지만 돈 받을 때의 행복감을 떠올리며 견디었었다. 우리 때는 장래 희망이 검사, 판사, 대통령 이런 것들이 많았다. 하지만 내 장래 희망은 사업가였다. 그래서 인문고를 진학하지 못하는 거에 큰 미련이 없었다. 학업에 필요한 모든 것들을 지원해주는 공고. 그것도 내게 투자되는 거라 생각했었다.

　아들 때문에 해리포터란 영화를 보면서 상상력이 풍부한 작가가 궁금해 검색했었다. 유명한 작가가 쓴 책인 줄 알았었다. 그런데 해리포터 작가 조앤 K. 롤링도 세계적 베스트셀러 작가가 되기까지 고난과 역경 속에 살았었다.

　매번 회사에서 해고를 당했고 남편의 폭력에 이혼을 한 조앤 K. 롤링은 갓 태어난 딸과 생활보조금 11만 원으로 생활하던 중 달려오는 기차를 보며 마법 기차를 떠올렸다고 한다. 아마 난 그 상황이라면 기차에서 장사해 돈을 벌 수 없을까라는 생각을 했을지 모른다. 이게 아마 사람마다 가지고 있는 기질의 차이이리라.

　어려운 환경 속에서도 상상을 버리지 않고 작품을 완성시켰지만 출판사들은 냉대했다. 포기하지 않고 출판의 기회를 찾아다니다 계약금 200만 원을 주는 출판사와 연결되었다. 첫 출간이 7만권이 팔리면서 세계적 베스트셀러가 되었다. 책, 영화 등의 저작권 수입으로 재산이 1조가 넘는다니 정말 대단한 여성이다. 돈을 많이 벌어서 대단하다는 게 아니다. 어려움 속에서도 상상의 나래를 완결 짓고 관심을 가져주지 않는 출판사들을 돌아다니며 희망의 끈을 놓지 않았던 작가의 열정이 대단하다는 거다.

　조앤 K. 롤링이 하버드대학 졸업에서 축사로 한 말들 중 감동받는 것을 소개하고자 한다.

"제 삶은 너무도 암울했고 해리포터 성공 후 언론에서 제 삶을 일컬어 동화 같은 인생이라고 했지만 저는 그런 동화 같은 인생이 제게 찾아오리라고는 꿈에도 생각하지 못했습니다. 어두운 터널의 끝이 어디인지, 얼마나 오랫동안 어두운 삶이 계속될지 알 수가 없었습니다.

실패가 제 삶에서 불필요한 것들을 제거해 주었기 때문입니다. 저는 스스로를 기만하는 것을 그만두고 제 모든 에너지를 가장 중요한 일에 쏟기 시작했습니다. 제가 가장 두려워하던 실패가 현실이 돼 버렸기 때문에 오히려 저는 자유로워질 수 있었습니다. 실패했지만 저는 살아 있었고, 사랑하는 딸이 있고, 낡은 타이프라이터와 엄청난 아이디어가 있었습니다. 가장 밑바닥이 제가 인생을 새로 세울 수 있는 단단한 기반이 되어 준 것입니다.

세상을 바꾸는 데 마법은 필요하지 않습니다. 우리 내면에 이미 그 힘은 존재합니다. 우리에겐 더 나은 세상을 상상할 수 있는 힘이 있습니다."

연설문 중 가장 감동받은 말을 캡처해 가끔씩 본다. 로또 1등의 확률은 614만 5060분의 1이라고 한다. 그 확률을 기대하며 사람들은 로또 명당이라는 곳에 길게 줄을 서 있다. 그 확률의 기회를 잡아 1등이 된 사람들이 행복할까. 돈 때문에 가족과 원수가 되고 또 어떤 사람은 몇 년 후 노숙자가 되었다는 기사를 본 적이 있다. 땀을 흘리지 않고 번 돈은 쉽게 물거품이 되어 날아가 버린다. 물려받은 수십 억 재산을 하루아침에 탕진해 버렸다는 얘기도 기사를 통해 봤었다.

　자신의 능력이 밑거름이 되지 않은 돈과 명예는 결국 쉽게 잃고 마는 셈이다. 작가 조앤 K. 롤링도 자신이 즐기며 하는 일, 그것이 찬란한 빛을 발하는 로또가 되었다. 쉽게 날아가지 않고 계속 비축해 주는 성공, 그것이야말로 진정된 성공이 아닐까.

　"난 뒷받침이 없어서", "난 능력이 부족해서"라는 생각으로 주눅이 들거나 기가 죽을 필요 없다. 뒷받침이 없으니, 능력이 부족하니 무엇으로 채울 수 있을까라고 역발상으로 생각해 보자. 분명 누구에게나 자신만의 강점이 있다. 그것을 단단한 기질로 만들어 가면 성공은 자연스럽게 따라오게 된다. 하루아침에 이루어지는 신화는 없다. 투자한 열정과 땀의 양만큼 신화의 크기도 달라진다.

　나는 이 말만은 꼭 해주고 싶다.

　'자신의 강점을 발견하고 그것을 끊임없이 개발해라. 그리고 자신의 강한 기질로 만들어라. 타고난 기질도 개발하지 않으면 무덤까지 갖고 가게 된다.'

Chapter 2

열정이
없으면
젊음이 아니다

연은 순풍이 아니라
역풍에 가장 높이 난다.

— 윈스턴 처칠

01

준비된 자가
기회를 잡는다

열심히 해도 기회가 오지 않는다고 푸념하는 사람이 너무나 많다. 감나무 밑에서 감이 떨어지기만 기다리는 사람은 기회를 기다리는 사람이다. 그런데 언제 떨어질지 모르는 감만 바라보며 허송세월을 한 시간의 가치는 어떻게 되는 걸까. 감이 우르르 떨어지는 기회를 잡았다고 치자. 땅에 떨어지면서 물러져 먹을 수도 없는 감들을 보며 어떤 생각이 들까. 너무 빨리 강하게 떨어져 버린 감을 탓할 수 있을까.

좋은 기회를 잡기 위해서는 실패할 확률에 대한 대비 정신이 필요하다. 많은 시간을 투자하고 열심히 했지만 기회가 오지 않는다는 푸념은 좌절로 이어질 수 있다. 자신이 원하는 기회가 오지 않는 이유를 분석하고 새로운 방향을 만들어 가는 대안을 만들어 놓은 사람은 쉽게 실망과 포기라는 단어를 떠올리지 않는다.

더 많은 수확을 위한 준비 정신 또한 필요하다. 열린 감을 보며 그것에 맞는 자루와 너무 익어 땅에 떨어져 터져 버릴지 모르는 감은 미리 따낼 수 있는 전략 또한 필요하다. 싱싱한 감을 더 담지 못해 안타까워하는 건 남 탓이 아니다. 계획보다 더 많은 수확이 생길 수 있다는 가정을 무시한 자신의 문제이다. 자신의 그릇은 스스로가 만들어 가는 것이다.

노숙할 당시 낮에는 일자리를 찾아다녔다. 어떤 확고한 꿈을 갖고 찾아다닌 건 아니었다. 그저 먹고 살기 위한 일자리였다. 돈이 없어 일자리를 찾아 몇 푼이라도 돈을 벌 궁리를 했다.

지금 생각해 보면 그때 좀더 절실한 목표를 가졌다면 하는 후회가 들기도 한다. 어려울 때 절실한 목표는 가치관과 인생관을 바꾸어 놓기도 하는데 말이다. 도끼를 갈아서 바늘을 만든다는 뜻에서 유래한 마부작침磨斧作針(불가능한 것도 포기하지 않고 노력하면 이룬다)이라는 말이 있다. 노숙시절 배를 채우기 위한 일자리가 아닌 좀더 큰 꿈을 꾸며 정신을 갈고 닦았다면 좀더 나은 현재를 만들지 않았을까 생각해 보기도 했었다. 하지만 큰 후회는 하지 않는다. 그런 반성을 했다는 자체가 감사하다. 자신의 문제를 모르거나 반성하지 않는 자세가 가장 큰 적이라 생각한다.

일자리를 찾아다니던 중 우연히 나에게 성경을 배웠던 사람을 만났다. 그 당시 프린터가 보급되기 시작하던 때였다. 사무실에서 복사용지를 많이 사용하니 복사용지 사업을 해 보면 어떠냐는 정보를 주었다. 지금처럼 전자결제가 없던 시절이라 모든 걸 프린터해야 했던 시절이었다. 직원수나 거래처가 많은 곳일수록 복사용지 사용량은 더 많았다.

종교단체에 빠져 사회와 단절된 시간이 길었던 내가 입사할 곳은 없었다. 복사용지 사업이 돈이 된다는 정보는 생각할 여지가 없는 말이었다. 정보를 준 사람은 공급받는 곳과 판매 요령에 대해서도 자세히 알려 주었다. 내게 은인 같은 존재였다.

노숙자였던 내가 가게를 얻어 사업을 시작할 형편은 아니었다. 암웨이 사업을 하는 아는 사람이 떠올랐다. 무점포로 필요한 물품을 구입해서 판매할 수 있는 방법, 그것이 내게 맞는 사업 구조라 생각했다. 하지만 그 당시 난 무일푼 노숙자였다. 주문을 받는다 해도 구입할 돈이 없는 게 가장 큰 고민이었다.

종교단체에서 만났던 여자친구가 떠올라 자존심을 버리고 찾아갔다.

"내가 사업자금이 필요한데, 다른 사람한테 빌릴 수도 있지만 네게 기회를 주고 싶어."

내 말을 들은 여자친구는 기가 막혀 했지만 잠시 고민을 하다 50만 원을 선뜻 빌려줬다.

그 50만 원으로 일단 15만 원 월세방을 얻어 노숙생활을 정리했다. 지금 생각해도 참 암담한 상황이었다. 건설현장에서 막노동을 하며 복사용지 사업을 위해 사전조사를 다녔다. 그런데 무점포로 한다 해도 지금처럼 렌터카가 성행하지 않을 때라 물건을 실어 나를 차가 필요했다. 또 체면을 무릎 쓰고 여자친구에게 차구입비를 더 빌려달라고 찾아갔다. 50만 원을 받기 위해서는 200만 원을 더 빌려줘야 한다는 말도 안 되는 궤변을 늘어놓았다. 지금 생각해 보면 참 어처구니가 없는 말이었지만 결국 200만 원을 더 빌릴 수 있었다. 다마스 차와 컴퓨터, 프린터기를 구입했다. 다른 곳보다 저렴하게 판매한다는 전단지를 만들어 발품을 팔아 빌딩 사무실이나 복사용지를 쓸 만한 곳은 어디든 돌렸다. 한두 곳 생긴 거래처가 점차 늘기 시작했다. 주문량보다 많은 복사용지를 싣고 다니다 전화가 오면 바로 배달했다. 내가 거래하는 '세원상사'라는 도매상 사장님은 주문량이 늘수록 공급가격을 할인해 주었다. 그래서 다른 곳보다 가격 경쟁력이 있었다. 신속한 배송에 싼 가격, 고객과 거래처가 폭주할 정도로 늘게 되었다.

우연히 만난 사람과 자본금을 선뜻 빌려준 여자친구가 내 인생의 가장 큰 귀인이었다. 사업의 발판을 만들어준 여자친구는 지금의 아내가 되었다. 사업의 발판만이 아닌 인생의 발판이 되어 준 셈이다. 일거리를 찾아다닐 때 날 받아 줄 곳이 있었다면 복사용지 사업을 시작하지 않았을지 모른다. 우연히 찾아온 기회이지만 그걸 기회로 만들 의지가 없었다면 지금의 나도 없었을 것이다.

기회가 주어져도 기회인지 모르고 날려 버리는 사람들이 많다. 기회는 기회라며 알려 주고 오지 않는다. 성공한 사람들은 찾아온 작은 우연도 기회로 만들어 간다. 작은 우연도 기회로 만드는 것, 그것 또한 가장 큰 자산이자 경쟁력이라 생각한다.

02

1인 3역으로
시작한 사업

99년 2월 3일 나의 업무일지가 시작되었고 그것이 내 사업의 역사가 되었다. 사업 첫날부터 일반 회사에서 하는 방식대로 업무일지를 써 나갔다. 그 당시 나는 사장이자 경리이며 배달원까지 1인 3역을 했다. 내가 기록해 내게 보고하고 내가 사인을 했다. 모양새를 갖추려 그런 건 아니었다. 시스템을 만들어 가고 싶었고 느슨해지지 않기 위해서였다.

첫 거래가 이루어진 2월 4일, 그날의 흥분과 기쁨은 지금도 가슴에 선명하게 남아있다.

〈총매출 165,000원, 순이익 43,300원, 총 매입 121,300원!〉

가끔씩 초심을 다지려 그때의 기록들을 들쳐보기도 한다. 벅찬

가슴에 다시 주먹을 쥐어 보던 그때의 심정을 되살리며 느슨해지지 않으려 노력한다. 하루도 빠짐없이 매입 매출 기록을 했고, 매달 말일에는 월말 결산을 했다. 그렇게 2006년 인터넷 쇼핑몰을 운영하기 전까지 꾸준히 기록한 것이 6권이다. 따로 기록한 미수금 관리 대장들과 거래처, 입금자 명단도 보관하고 있다.

이 업계의 왕이 되고자 처음에 '크라운전산'이라고 상호를 정했다. 멋지게 왕관을 쓴 모습을 상상이 아닌 현실로 만들고자 노력했다. 절실함이 주먹에 힘이 들어가게 했고 그 주먹이 열정으로 이어져 자신감으로 자리 잡았다.

매일 써 내려가는 기록들을 보며 다음 달, 다음 해에 대한 목표를

〈첫 업무일지〉

세웠다. 머리에만 두는 목표는 희망으로 그칠 수 있다. 메모해 두고 늘 보며 목표를 체크했고 잘 되지 않는 부분은 다시 재점검을 했다. 실적 목표는 너무 크게 잡지 않았다. 큰 뜻을 가지지 않으려 그런 건 아니었다. 달성하지 못하면 갖게 되는 실망감은 자신감을 잃게 할 수 있다 생각했다. 오히려 생각보다 높은 실적은 또 다른 자신감을 가져 올 수 있다 믿었다. 역시 내 생각이 맞았다. 예상보다 높은 실적을 내며 단단한 회사로 성장시켜야겠다는 큰 포부를 가지게 되었다.

2006년 인터넷 쇼핑몰을 시작으로 6개월 만에 잉크토너 동종업계 전국 1위를, 현재는 1천 평 규모 복합 매장 2곳과 3백 평 규모의 토너 공장, 연매출 1백 억의 기록을 달성했다. 왕관을 그리며 크라운전산이라는 상호를 쓸 때의 꿈을 이루었다. 업무일지를 쓰며 목표를 잡으며 상상이 아닌 현실로 만들어야겠다는 의지를 가졌었다. 그것이 물거품이 되게 하지 않으려고 점검하며 열정의 끈을 풀지 않았었다. 그것이 지금의 나로 이끌어 준 원동력이 된 것이다.

내 사업 기초 자본금을 빌려 준 아내에게도 빌린 돈에 이자까지 쳐서 모두 갚았다. 결혼을 해 가족이 되었지만 공, 사는 구별하며 살아야 한다는 내 철칙을 지키려 했다. 힘들고 어려워 누군가의 도움이 절실히 필요할 때는 도움의 손에 감사하지만 배가 불러지면 자신이 열심히 해서 그런 거라 자만심을 갖는 사람들이 너무도 많다.

삶은 늘 평탄하게 이어지는 게 아니다. 올라가면 내리막길이 있기 마련이다. 내겐 다시 내리막길이 없을 거라 자신 할 수 없는 게 인생이다. 사회는 혼자가 아닌 더불어 사는 곳이다. 내리막길 앞에서 누군가의 손을 잡으려면 아니, 누군가가 손을 잡아 주게 하려면 인간 관계에 정도를 지키며 살아야 한다. 그래서 난 아내와의 약속을 지켰다.

탑이 되면 모든 걸 다 이룬 거 같지만 더 이상 올라갈 곳이 없는 곳엔 바닥보다 더 치열한 경쟁과 고비들이 도사리고 있다. 그것들을 이겨 나가려면 더불어 살아가는 사회 속에선 사람들의 힘이 필요할 수밖에 없다.

난 내 사업의 역사가 된 업무일지들을 가끔씩 꺼내 보면서 자만과 교만이 자리 잡지 못하게 초심을 다지려 한다. 첫 거래가 이루어졌을 때의 흥분과 기쁨, 생각보다 수익이 많이 나지 않았을 때의 실망감 또한 나를 맥빠지게 했던 기억이 난다. 겨우 이거 벌려고 이렇게 힘들게 일하고 있는 거야 하는 생각. 사람의 마음인지라 생각보다 수익이 적을 때는 실망감에 힘이 빠지기도 했었다.

하지만 적토성산積土成山(작은 것이나 적은 것도 쌓이면 크게 되거나 많아진다)을 떠올렸다. 흙이 쌓이고 쌓이면 산이 된다는 뜻을 가슴에 새겨두고 적은 수익에도 감사한 마음을 가지려 했다.

혼자 1인 3역을 하며 뛰어다니던 시절에는 직원 1명만이라도 있다면 좀더 수월할 텐데라는 생각도 했었다. 하지만 지금 생각하니 그것도 가슴 뜨겁게 만드는 추억이다. 남들은 성공했다고 하지만 난 샴페인을 터트리기엔 이르다고 생각한다. 앞으로 해야 할 것들이 너무도 많이 남아있다. 욕심을 부리는 건 아니다. 올라가긴 어렵지만 내려오는 건 한순간이라는 걸 너무도 잘 알고 있기 때문이다.

피땀을 흘려 흙을 쌓아 산을 만들어도 강풍이 오면 한순간 날아가 버릴 수 있다. 자만과 나태함이 내 속에 들어올까 샴페인을 터트릴 수 없다. 더 단단하고 신뢰받는 기업을 만드는 순간까지 1인 3역의 정신을 가지려 한다.

처음 흙을 퍼 쌓을 때가 가장 힘든 법이다. 쌓이고 쌓이면서 높이가 올라갈 때의 희열을 느껴 본 사람들은 그것을 지키기 위해 어떻게 해야 하는지 혜안을 갖게 된다. 내려가고 없어지는 건 한순간이라는 걸 잘 알기 때문이다.

03

가장 비싼 금은
바로 지금이다

고 2때부터 종교에 빠졌다. 맨 뒤에 앉아 수업은 뒷전이고 성경책만 읽었다. 선생님의 질문에 동문서답을 하거나 멍하니 있어 야단을 맞기도 했다. 하지만 그 당시에는 수업 내용보다 성경 말씀이 내게 더 중요했다. 선생님들의 관심에서 멀어져 갔다. 그래서 수업에 더 흥미를 못 느끼고 성경책에만 매달렸다.

　사업을 시작하면서 학업을 멀리했던 후유증들이 나타나기 시작했다. 장부 작성부터 관리까지 모든 걸 새로 배워야 했다. 물론 학교 수업 내용이 사회에서 모두 필요한 건 아니다. 하지만 너무도 무지하다는 걸 느끼자 배워야 할 게 너무도 많았다. 1인 3역으로 뛰어다니면서 기다리는 시간, 잠시 비는 시간도 아까워 그 시간을 이용해 책을 읽으며 공부했다. 육체적 피로감보다 시간에 쫓기는 정신적 피로감이 더 컸다. 예전에 그렇게 책을 읽고 공부를 했다면 박사학위는 받았을 거란 생각이 들어 웃곤 했었다.

공부도 때가 있다는 말을 절실히 느꼈다. 학생 때는 공부만 하면 되지만 사회에 나오면 공부만 할 수 없다. 업무적인 걸로 가득 차 있는 머릿속에 책이 제대로 눈에 들어오지 않았다. 공부할 나이에 한 번 볼 걸 두 번 세 번을 봐도 머리에 입력이 되지 않아 시간이 배로 든다는 사실도 피부로 느꼈다.

다마스 한 대로 대구 시내를 누비고 다닐 때 다마스는 사무실이자 도서실이 되었다. 고 정주영 회장님의 책을 읽으며 다시 한 번 마음을 다지기도 했었다. 중학교를 중퇴한 고 정주영 회장님은 어느 대학을 나왔느냐는 질문에 신문대학을 나왔다고 하셨다. 신문을 통해 얻은 지식과 정보로 사업 영감이나 미래를 보는 눈을 갖게 된 것이다. 전문 분야의 박사보다 책을 많이 읽은 사람이 더 박식한 건 당연하다. 나도 업무에 필요한 책 외 한 달에 적어도 한 권의 책을 읽는다는 목표를 세웠다. 그리고 그 목표를 채워 나갔다.

많은 사람들은 "책 읽을 시간이 없다.", 뭘 해야 하는데 "시간을 낼 수 없다."는 말들을 많이 한다. 그건 절실함이 부족한 핑계에 불과하다고 생각한다. 1초, 1분이 모여 한 시간, 하루가 되는 것이다. 나 역시 절실히 필요한 지식이 아닌 책은 "이걸 언제 다 읽지?"라는 생각을 하기도 했다. 하지만 틈틈이 한 장 한 장을 넘기다 보니 한 권을 읽게 되었다. 지식을 섭렵하려는 생각보다 목표를 이루어 나가는 내 정신 무장을 하려 했었다. 한 달의 한 권 목표가 1년에 50여 권이 되었다. 그때 읽었던 책들이 모두 내 책장에 역사처럼 남아있다. 뭐든지 처음이 어려운 법이다.

책을 읽으며 공감되는 내용들은 내 것으로 만들려 노력했다. '성공하는 사람들의 7가지 습관', '부자아빠 가난한 아빠' 같은 자기계발서나 성공 서적들을 주로 많이 봤었다. 내게 부족하고 필요한 내용들은 밑줄 긋고 따로 메모해 실천으로 옮겼다. 책은 지식 외 간접 경험을 많이 준다. 실패를 딛고 일어선 사람들의 경험담이 내 실패를 줄여 줄 수 있다 생각했다. 그래서 마음에 와 닿는 실패 내용들도 메모하고 머리에 저장시켰다. 그런 상황과 만났을 때 어떻게 처신을 해야 하는지도 생각해 봤다. 어렵고 힘든 상황도 알고 부딪치면 쉽게 넘길 수도 있다 생각했다. 그런 내 사고가 힘들고 지쳐 포기하고 싶을 때 견딜 수 있는 힘이 되기도 했다.

어느 날 아내와 팔공산에 갔다 불자 분이 권해 준 법륜 스님의 책을 보며 깨달음에 대해 관심을 가지게 되었다. 그 계기로 불교 서적들을 탐구했다. 고등학교 때 성경에 빠져 기독교에 10년간 몸담았고 법륜 스님 책을 통해 불교 공부에 3년을 빠져들었다. 아내와 함께 불교 공부와 명상센터를 다니며 정신 단련을 했다. 난 종교에 심취하면 너무 빠져든다. 그런 성격을 아는 아내가 적절히 관리해 주는 덕에 예전처럼 10년간 종교집단에 들어가 있을 정도까지는 가지 않았다. 물론 그 시절과는 많이 다르긴 하지만 심취해 무모하게 시간과 열정을 쏟아부었던 후회가 다시는 그런 전철은 밟지 않겠다는 각오를 가지게 만들었다.

심하게 빠져들어 다른 세상이 보이지 않는다면 문제이지만 의지할 수 있는 종교를 가지고 있는 건 정신적 건강에 좋다고 생각한다. 돈을 벌게 해 달라, 성공하게 해 달라는 기도가 아닌 힘들고 지친 영혼을 정화시킬 수 있는 기도나 명상은 환멸을 느끼는 사회 속에 정신을 정화시키는 길이 아닐까.

'그때 알았다면 잘 할 걸', '그 나이에 해 볼 걸'이라는 생각은 누구나 한 번쯤은 해 본다. 하지만 10년 후 지금을 돌아보며 같은 생각이 든다면 어떻게 할 것인가에 대한 답을 찾는 사람들은 드물다.

시간이 없다고 푸념하는 건 노력할 마음이 없다는 뜻이다. 성공한 사람들에겐 하루가 48시간일까. 똑같이 주어진 시간을 어떻게 사용하느냐가 시시각각 빠르게 변화하는 이 시대에선 도태하지 않는 길이다. 한 방울 한 방울 떨어진 물방울이 바위를 뚫을 수 있다는 말도 있지 않는가. 몇 초의 시간도 모이면 큰 시간이 된다는 걸 가볍게 넘기지 말아야 한다. 0.1초의 시간으로 생사가 갈리기도 한다. 가장 비싼 금은 바로 지금이다. 이 금을 어떻게 다루느냐가 인생의 갈림길을 만들기도 한다는 걸 가슴에 담아두도록 하자.

04

고객의 마음을
사로잡아라!

사업을 시작할 당시에는 사무실에서 복사용지나 잉크토너를 직접 주문하는 사람들은 대부분 여성인 경리 사원들이었다. 고객이 되어 재주문을 하게 만들기 위해서는 그들과 친해져야 한다고 생각했다. 한 건물에 여러 사무실이 모여 있는 경우는 내 고객의 입을 통해 또 다른 고객이 발굴되기도 했다. 내게 충성 고객이 되고, 그 고객이 구전 마케팅을 해줘서 더 많은 고객이 확보되는 것, 그 두 가지를 이루고 싶었다.

하지만 거래처를 선별하는 담당이 주로 여자이다 보니 친근감의 표시가 오해를 불러일으킬 수 있다는 생각이 들었다. 자칫 이성적 관심이 있는 것으로 오해를 하게 된다면 내 이미지 실추뿐 아니라 바람을 타고 다니듯 빠르게 전달되어 소문이라도 난다면 그 다음 상황은 불 보듯 뻔한 결과가 되는 셈이다.

　이익이 많이 남는 물건도 아니라 큰 선물은 할 수 없었지만 담당 여자 분들의 마음을 사로잡을 수 있는 게 무엇일까 고민을 했다. 점심 식사 후 서너 시가 되면 출출해 간식거리를 찾게 된다는 걸 생각해 내고 여자들이 좋아하는 분식류 간식거리를 함께 배달했다. 역시 내 생각대로 물건보다 간식을 더 기다리게 되는 담당자들이 늘게 되었다. 하지만 늘 같은 건 식상해지기 마련이다. 난 그런 것도 놓치지 않았다.

　여름에는 수박을 겨울에는 군밤이나 군고구마를 돌렸다. 출출함을 달래줄 간식이 오는 시간을 기다리는 게 아닌 어떤 간식이 올까 궁금증도 남겼다. 그러다 보니 내 존재가 머리에 남아있다는 말을 듣고 감동을 받기도 했다. 그렇게 성의와 정성이 담긴 작은 간식이 거래처를 지정하는 담당자들과 나를 친근함으로 묶어 주었다.

- 자신의 입장으로 생각하지 말고 받는 사람의 입장에서 생각해라.
- 같은 것도 늘 되풀이되면 식상하기 마련이다. 작은 것도 변화를 주려 노력해라.
- 준 것을 생색내려 하지 마라. 생색은 부담으로 돌아오게 된다.
- 상대가 감동을 받으면 더 큰 감동을 받았다는 감정을 전달해라.
- 작은 것에도 감사의 말을 아끼지 마라.

그때 경험으로 영업 사원들에게 교육할 때 해주는 말이다. 왼손이 한 일은 오른손이 모르게 하라는 말이 있다. 쉬울 듯 쉽지 않은 말이다. 작은 것이지만 생각해 주고 베풀었는데 돌아오는 것이 제로라면 누구나 서운하고 화가 날 수밖에 없다. 그 감정을 드러낸다면 일이 틀어지는 게 문제가 아니다. 사람의 감정이 상하게 되면 돌이킬 수 없는 선 밖으로 밀려 나가게 된다.

요즘 젊은 남자들은 많이 변했다고 하지만 우리 세대 남자들 중 특히 나 같은 경상도 남자들은 무뚝뚝하고 표현력 없기로 유명하다. 오죽했으면 "밥은", "아는(아이는)", "자자" 이 세 마디밖에 모른다는 우스갯소리가 나왔을까. 반짝이는 보석 알보다 사랑한다는 말 한마디가 돈도 안 들이며 아내의 마음을 울릴 수 있다는 걸 알면서도 쉽지 않았으니 말이다. 말 한마디로 천냥 빚을 갚기도 하고 원수가 되기도 한다는 말처럼 자신이 한 일을 생색을 내려 하면 오히려 해주고도 욕먹게 되기도 한다는 걸 알아야 한다.

영업적이든 개인적이든 베풀어 준 것에 대해서는 돌아오는 계산을 하지 말아야 한다. 물론 사람의 마음인지라 쉽지 않을 수도 있지만 순수한 마음을 가지려 한다면 사고의 습관으로 자리 잡을 수도 있다. 지금의 적이 동지가 될 수 있고 동지가 적이 될 수 있는 말이다.

고객의 마음은 갈대이다. 고객들은 품질 좋고 가격도 싼 곳이 있다면 당연히 마음이 움직일 수밖에 없다. 하지만 끈끈한 정으로 맺어진 관계는 한순간 불어온 바람을 따라 쉽게 움직이지 않는다.

몇 년 전부터 감성서비스라는 말이 유행처럼 번졌다. 난 사업을 시작하면서부터 감성서비스를 해 왔다고 생각한다. 작은 간식거리로 담당자들의 마음을 움직였듯 인터넷 쇼핑몰을 운영하면서 자주 찾는 고객들에겐 간단한 인사를 손편지로 썼고, 사탕 같은 것을 넣어 보냈다. 여성 고객들의 반응은 폭발적이었다. 지금은 사업 단위가 너무 커져 일일이 작은 감성서비스는 하지 못하는 실정이지만 최고의 품질과 최저의 가격, 정직한 서비스로 고객 감동을 위해 애쓰고 있다.

서비스라고 말하는 순간 제공한 건 서비스가 아니다. 그런데도 많은 사람들은 "이거 서비스입니다"라는 말을 한다. 난 "제 마음입니다"는 표현을 즐겨 쓴다. 시대가 바뀌어 고객의 의식도 높아졌다. 매출에는 서비스비가 포함되어 있다고 생각하는 고객들도 있다. 그런 고객들에게 "서비스입니다"는 말을 한다면 당연한 걸 왜 말하는지 의구심을 갖고 서비스맨에게 색안경을 끼고 볼 수 있다.

고객을 만족시키려 하지 마라. 서비스 홍수시대에 있는 고객들은 만족 불감증에 걸려 있다.

고객과 동화하고 감동시켜라. 고객 입장에서 생각해 보고 고객 입장에서 서비스를 해야 한다. 그것이 차별화를 이루게 하고 서비스 특화를 이루게 하는 길이다.

05

신용을 저버린
거래처

인간 관계에서 가장 중요한 건 신용이다. 신용은 신뢰를 다지게한다. 사람 관계에서는 신용 등급을 매길 수 없지만 금융권은 신용에 등급을 매겨 사람을 평가한다. 약속을 잘 지키는 사람은 신용이 올라가 신뢰가 만들어지게 된다. 약속을 지키지 못하는 사람은 '돈이 거짓말을 시킨다'는 말을 한다. 제 날짜에 결제를 하고 싶어도 돈이 돌지 않으면 신용을 잃을 수밖에 없다. 하지만 사람의 마음을 인정해 주지 않는 곳이 사회이다.

나 또한 사업 초기에는 아슬아슬한 곡예사가 되기도 했다. 생활자금보다 거래처, 은행권을 우선으로 결제했다. 한 번 신용을 잃게되면 나에 대한 신뢰가 떨어질까 두려웠다. 신뢰가 없으면 급할 때

외상도 할 수 없다. 그렇게 되면 납품 날짜를 못 맞추게 되고 악순환으로 이어질 건 뻔하다. 그래서 도매상들과의 약속은 하늘이 두 쪽이 나도 지키려 노력했다. 거래처만이 아니다. 나와 함께 고생을 하는 직원들의 월급날도 하루도 미루어 본 적이 없다. 회사보다 나를 믿고 일을 하는 직원들에게 실망시키고 싶지 않았다. 그러다 보니 어려운 시절에는 생활비를 제 날짜에 주지 못해 아내에게는 신용을 잃기도 했다. 아내에게 잃은 신용을 회복하는 기간이 길기는 했지만 지금은 아내에게 일등급 평가를 받고 있다.

식품도매업인 한 업체가 나를 힘들게 했었다. 2년 가까이 우리 물건을 받아쓰고 이런저런 핑계를 대면서 결제를 해주지 않았다. 미수금이 백 단위가 넘어가자 참을 수 없었다. 돈을 받으러 가면 사장은 늘 나를 피해 도망 다녔고, 전화를 하면 경리가 이러저러한 핑계를 대며 사장과 대면시켜 주지 않았다. 거래를 끊고 싶었지만 그동안 못 받은 돈을 떼이게 될까 걱정되어 거래를 유지하며 속만 태웠다. 결제를 안 해주는 것보다 나를 피하는 사장이라는 사람에 대한 괘씸함이 더 컸다. 참다 참다 꼭 받아야겠다는 결심을 하고 찾아갔다. 그 당시 그 식품 회사에서 식당을 직영으로 운영하고 있었다. 사무실로 찾아가도 사장을 만날 수 없어 식당으로 찾아갔다. 손님이 가장 많은 점심시간에 찾아가 식당 입구 바닥에 담요를 깔고 드러누웠다.

"사장 오라 하이소. 물건을 썼으면 돈을 줘야지 2년이 넘도록 돈을 안 주고 와 자꾸 도망을 다니는 겁니까. 돈 못 받으면 한 발짝도 움직이지 않을 테니 사장한테 연락 하이소."

일부러 직원들과 식당 손님들이 다 들으라고 큰 소리로 소리를 치자 직원들은 안절부절못했고 손님들은 구경을 하고 있었다. 사장을 만나 돈을 받을 때까지 한 발자국도 움직이지 않을 결심을 하고 갔었다. 그런 낌새를 눈치 챈 직원들이 사장에게 연락을 해 사장이 나타났고 그날 미수금을 모두 받고 거래를 끊었다. 회사가 어려워 결제를 못 할 수도 있다. 하지만 그 식품업체는 어려운 상황이 아니었다. 그런 걸 알기에 진상을 부린 것이다.

내가 싫다고 만나지 않을 수 없는 곳이 사회이다. 돌고 돌다 보면 만날 수 있고 한 사람을 건너면 연결될 수 있는 게 인간 관계이다. 남에게 피해를 줄 생각으로 신용을 저버리는 사람들이 간혹 있다. 그 사람과는 인연을 끊어 버리면 된다고 생각할지 모르지만 그건 오판이다.

1967년 하버드대학의 스탠리 밀 그램 교수가 불특정 다수에게 편지를 주면서 특정인에게 편지를 전달하게 하는 실험을 했다. 그 특정인에게 직접 전달하는 방법도 있고, 다른 사람에게 전달해서 받도록 하는 수도 있는데 어쨌든 그 사람에게 전달되게 한 사람의 수가 5.5명이라 해서 6단계 분리라는 말이 붙었다. 2011년 11월에는 페이스북 데이터 팀이 7억2천백만 명의 690억 친구 관계를 분석한 결과 페이스북 사용자의 평균 거리는 4.74라고 했다. 소셜 네트워크상에서는 더 짧아진다는 것이다. 이런 시대에서 자신의 욕심을 위해 신용을 저버리며 인간 관계를 끊으면 된다는 얄팍한 생각은 자신에게 악영향으로 되돌아온다는 것을 알아야 한다.

인간 관계를 끊기도 붙이기도 하는 게 돈이라고 한다. 이 말을 들으면 너무 각박한 세상 같지만 어쩔 수 없는 사실이다. 하지만 난 진심어린 마음은 돈으로 깨진 신용과 신뢰도 붙일 수 있다고 생각한다. 영업하는 식당까지 찾아가 드러누울 때는 돈보다 사장에 대한 괘씸함이 더 컸다. 만약 사장이 피하지 않고 만나 사정을 얘기하며 미수금을 조금씩이라도 정리해 주었다면 그렇게까지 하지 않았을 것이다. 돈에 대한 신용보다 사람에 대한 신뢰가 깨지면 회복이 어려워진다.

돈 때문에 신용을 잃게 되는 상황이 와도 사람 사이의 신뢰까지 잃게 만들지 말자. 그렇다고 상대를 속이라는 말은 아니다. 진심으로 자신의 상황을 이야기하고 양해를 구한다면 한두 번으로 신뢰는 깨지지 않는다. 단, 열심히 사는 사람인 경우이다. 열심히 노력하는 사람은 그 자체만으로도 신뢰가 쌓여 있다.

06

깡으로
깡패와 맞서다

처음 대구의 봉덕동에서 가게를 할 때였다. 손님들이 차를 댈 수 있도록 가게 앞에 차 한두 대 만큼의 주차 공간을 비워 놓아야 했다. 건물 사람들은 가게 바로 앞에 차를 대지 않았다. 남의 가게 입구에 차를 대는 건 장사에 방해를 떠나 매너가 아니다. 아주 급한 일이 있어 가게에 양해를 구하고 잠깐 대는 경우는 있지만 그렇지 않은 경우라면 솔직히 상식을 넘는 일이다.

그런데 어느 날 어떤 남성이 가게 문 바로 앞에 당당히 주차를 해 놓고 몇 시간이 지나도록 나타나지 않았다. 입구를 막아 장사하는데 방해가 되니 다른 곳에 주차해 달라고 웃는 얼굴로 몇 번 양해를 구했지만 들은 척도 안 했다. 몇 번 반복되고 나니 화가 나 "차를 대지 말라"고 소리를 쳤다. 알고 보니 그 남자는 근처 사무실에서 일수를 하는 조직원 중 한 명이었다. 차를 빼라 소리를 질러도 안하무인인 그 남자는 지나가는 보스에게 허리를 굽혀 인사를 했다. 자신이 어떤 사람인지를 알리려는 심산이었다. 깡패라도 기가 죽을 내가 아니었다. '눈에는 눈 이에는 이'라고 나 역시 안하무인으로 인상을 쓰며 차를 빼라고 큰 소리를 쳤다.

심기가 불편해진 깡패는 나를 골목으로 데리고 가 멱살을 잡고 때릴 기세였다. 더 큰 소리로 "때려 봐라!"며 눈에 불을 켜고 깡패를 노려봤다. 지나가던 사람들이 골목 안 우리를 힐끔거리자 멱살을 놓고 사라졌다. 그 후로는 가게 앞에 차를 세우지 않았다.

가끔 지나가며 마주치기도 했지만 서로 눈을 피했다. 내가 무서워 피하진 않았을 것이다. 눈에 불을 켜고 달려드는 사람은 피하는 게 상책이라 생각했을지 모른다. 아마도 두려움에 속을 끓이면서 묵인했다면 계속 가게 입구를 막아 버렸을 것이다. 나중에 그런 사실을 안 아내는 동네를 휘젓고 다니는 깡패와 맞섰다며 난리를 쳤다. 무서워 피한다면 결국 우리만 손해를 보게 되는 거라며 아내를 다독거려 주었다. 솔직히 지나고 생각하니 겁 없이 달려들었다는 생각도 들긴 했다.

주먹을 휘두르는 깡패를 두려워하지 않고 정면 대응한 깡은 노숙 생활에서 나왔다. 갈 곳이 없어 노숙을 시작할 때는 험악한 사람들의 시선이 무섭고 불편하기도 했었다. 점차 그것이 익숙해져 가니 지나가는 사람들의 시선이 불편해졌었다. 더구나 구경을 하듯 바라보는 사람들의 시선을 느낄 때면 동물원 안에 있는 동물이 된 기분이 들기도 했었다. 남의 시선을 의식하고 살면 아무것도 할 수 없다는 걸 그때 느꼈다. 누가 보든 말든 남에게 피해를 주지 않고 살면 된다는 깡이 생겼다. 그러자 그런 시선들도 덤덤히 받아들여지게 되었다. 어린 아이들이 지나가면서 쳐다보면 웃어 주는 여유까지 생기게 되었다. 생각에 따라 행동도 달라진다는 걸 깨달았다.

패거리로 몰려다니는 깡패가 두렵지 않은 사람이 몇이나 될까. 하지만 두려워 피한다면 오히려 만만하게 보고 더 위협적으로 다가올 수 있다. 간혹 왕따를 당해 인생을 놓는 학생에 대한 기사들을 접할 때 가슴이 너무 아프다. 왕따를 당하고 싶은 사람이 누가 있겠는가. 한두 번 놀리며 왕따를 시킬 때 두려워하며 기가 죽는 모습은 가해자들의 심리를 더 충족시켜 준다. 그러다 자신들의 욕구 해소 대상으로 낙인을 찍어 버려 괴롭힘을 지속하게 된다. 왕따를 당하는 것도 맞서는 것도 두렵기는 마찬가지이다. 그렇다면 당하며 괴로운 것보다 맞서며 괴로운 게 낫지 않을까. 물론 상황에 따라 다르겠지만 맞서지도 못하고 당하는 입장이 되는 건 가해자들에게 좋은 먹이감으로 보일 수밖에 없다는 말이다.

노숙생활이 내게 남겨준 유산은 '깡'이다. 깡은 두려움과 맞서는 용기를 생기게 해준다. 바람이 부는 대로 흔들리는 나뭇잎은 강풍

앞에선 꺾이고 만다. 나약하다고 푸념만 하지 말고 깡을 가져라. 깡은 힘든 세상에 맞서는 버팀목이 된다.

07

2천만 원으로 되돌아온
웃음의 위력

인터넷 쇼핑몰을 시작하기 전까지 많이 벌어도 쓸 돈이 없었다. 자본금이 없어 아내에게 빌려서 사업을 시작했었다. 그러다 보니 재고를 채우고 결제를 하고 나면 여윳돈이 없어 노숙자 생활 때처럼은 아니지만 빈곤한 생활이 이어졌다. 여윳돈이 없어 제대로 식을 올리지 못하고 아내를 맞이했었다. 직장 생활을 하며 모아둔 아내의 비자금으로 생활을 이어가고 있었다. 꿋꿋이 잘 견디어 주었지만 모아둔 돈이 바닥나자 넉넉지 않은 살림에 아내가 힘들어했었다. 그런 아내의 마음을 모른 척하며 돈이 좀 생기면 사업 확장에만 열의를 올렸다.

평생을 같이 살 아내이기에 서운하고 힘들어도 넘겨주리라 생각했던 건 내 이기심이었다. 아내의 마음을 풀어주려 번듯하진 않지만 결혼식을 올렸다. 조금이라도 젊었을 때 해주지 못하면 아내의 가슴에 한이 맺힐 거 같았다.

결혼식을 치루고 성공하기까지 아이를 갖지 않기로 했다. 결혼부터 반대했던 장인, 장모님은 그런 딸을 보며 가슴 아파하셨다. 바쁘지만 경제적 여유가 없는 걸 더 마음 아파하셨다. 아주 힘들 때 한 번씩 투정을 부리긴 했지만 아내는 내색하지 않고 묵묵히 따라와 주었다. 아내가 없었더라면 지금의 내가 있었을까 하는 생각이 들 정도로 아내가 고맙다.

장사는 잘 되었지만 무일푼으로 시작한 일이라 늘 자금난에 허덕였다. 그러던 어느 날 돈이 부족해 한숨을 쉬고 있을 때 단골인 중소기업은행 지점장이 잉크를 사러왔다. 장사가 잘 되는데 왜 한숨을 쉬느냐는 지점장 말에 어렵게 시작해 온 사연을 이야기해 주었다. 내일 당장 은행으로 오라는 지점장 말에 하늘에서 동아줄이 내려온 기분이었다. 그 지점장의 도움으로 마이너스 2천만 원 통장을 개설해 숨통을 트이고 아내의 한숨도 덜어 주었다.

시간이 지나고 지점장에게 날 뭘 믿고 보증을 서 주었느냐 물어봤었다. 열심히 하는 모습을 보며 잘 되리라 생각했지만 가장 큰 담보는 늘 웃으며 한결같은 모습이었다고 했다. 아무리 힘들어도 고객들을 대할 때는 활기찬 얼굴을 보이려 노력했던 게 큰 담보가 되었던 셈이다.

돈은 아껴도 웃음은 아끼지 마라. 웃음과 친절한 말 한마디는 아낄수록 빈곤해지지만 낭비할수록 기쁨이 되어 돌아온다는 철칙을 직원들에게도 수시로 해준다. 때깔 좋은 거지가 하나라도 더 얻어먹는다는 어른들의 말이 뭔지 깨달았다.

소도 비빌 언덕이 있어야 한다는 말이 있다. 무일푼으로 시작했지만 매상을 올려주는 고객, 힘들 때 고비를 넘겨주는 사람이 있어야 고비를 넘기며 성공이라는 단어를 떠올릴 수 있는 것이다. 하지만 비빌 언덕이 있어도 힘차게 앞으로 나갈 자세가 안 되어 있다면 소용없어진다.

2천만 원이 다시 앞으로 전진하는 힘에 활력을 불어 넣어 주었다. 빚도 자산이 된다는 말을 그때 실감했다. 열심히 해서 마이너스 통장이 플러스로 되던 날의 가슴 벅찬 행복감은 이루 말할 수 없다.

경제적 고통에 힘들어하는 사람이라고 모두 얼굴이 죽상은 아니다. 힘든 일 없이 살 거 같은 사람도 있다. 관상으로 살아온 과거를 볼 수 있다는 건 어떤 생각으로 살았느냐의 흔적을 느낄 수 있기 때문이다. 그렇다면 그 사람의 얼굴빛으로 미래도 점칠 수 있는 것이다. 밝은 기운이 밝은 미래를 만들어 가는 건 당연하다.

수상보다 관상, 관상보다 심상이라는 말이 있지 않은가. 마음의 자세에 따라 관상이 바뀐다는 말이다. 그래서 자신의 얼굴에 책임을 져야 한다. 인상 쓰고 풀이 죽어 있는 사람을 보면 돕고 싶은 마음이 들까.

　빈곤할수록 풍요로운 얼굴 기운을 만들어라. 그 기운이 빈곤을 풍요로 덮어 줄 것이다. 그렇다고 성급한 생각은 버려라. 성급함은 초조와 불안한 마음을 감추는데 방해를 해 얄팍한 인상을 만들어 버릴 수 있다.

　자, 거울 속 자신의 얼굴을 들여다보자. 누군가 관심을 가져줄 상인지, 외면할 상인지. 자신도 보고 싶지 않은 얼굴은 남은 더할 나위 없다.

08

좌절금지!
하나의 실패는 하나의 경험이다

1인 3역을 하며 수익이 나기 시작하자 물건을 쌓아 둘 공간이 필요했다. 싸게 나온 쌀가게를 얻어 창고로 이용했는데 거래처가 늘자 창고가 좁아졌다. 더 넓은 공간은 임대료가 비싸 창고 용도로만 임대료를 내긴 아깝다는 생각이 들었다. 임대료를 내는 공간에서 수익을 내 임대료를 지급해야 일석이조가 될 거 같았다. 그래서 고안해 낸 것이 창고형 매장이었다.

봉덕동에 큰 매장을 얻어 창고형 매장을 오픈했다. 직원 월급을 주기 빠듯한 상황이라 아내가 직장을 그만두고 매장 운영을 맡았다. 2001년도에 정품 잉크가 비싸 다 쓴 잉크통에 다시 잉크를 채워 주는 잉크 충전이 유행했었다. 그래서 200만 원을 들여 잉크 충전방식을 배워 잉크 충전방도 운영했다. 예상을 뛰어 넘게 장사가 잘 되어 200만 원 들여 배운 방식으로 1년도 안 돼 500만 원 이상의 수익을 남겼다. 너무 순조롭게 잘 되자 욕심이 생겼다.

동인동에 작은 가게를 얻고 잉크 충전방만 따로 오픈했다. 봉덕동 매장만큼 수익이 나온다면 직원을 채용해도 이익이 되는 장사여서 직원을 뽑아 맡겨 운영했다. 그런데 적자가 1년 넘게 지속되었고 결국 계약 만료일에 폐업을 하게 되었다.

- 주변에 대학이 있어 입지가 좋을 거라는 막연한 생각
  (상권은 나쁘지 않았지만 위치가 문제였다. 가게 앞 도로가 횡단보도가 없는 왕복 4차선 도로였고 출입문도 4차선 도로 쪽으로 나 있어 사람들 눈에 띄지도 않았다.)

- 직원 혼자 있다 보니 관리가 허술해졌다.
  (주인만큼 주인의식이 있는 사람은 없다. 직원에게만 맡겨 두었으니 고객관리나 서비스가 제대로 되지 않았다.)

봉덕동 창고형 매장이 잘 되다 보니 욕심이 앞서 세세한 부분까지 따져 보지 못했었다. 매달 100만 원씩 적자가 났고 문 닫을 때까지 2000만 원 손해를 보게 되었다. 큰 손해를 봤다는 허탈감에 속이 상했지만 욕심이 앞서면 남의 말이 들리지 않는다는 교훈을 얻었다. 아내와 주변 사람들이 말렸지만 생각했던 대로 척척 진행되어

나가는 사업을 보며 내 예상이 빗나가지 않을 거란 오기를 부렸었다. 문 닫기 전까지는 어떻게 하면 적자를 모면할까만 고민했지만 가게 폐업 신고를 하고 나니 곰곰이 생각해 보는 여유가 생겼다.

어려웠던 시절의 장부를 보며 마음을 다진다고 했지만 마음 한 구석에 자만이 자리 잡고 있었다. 다시 한 번 겸손한 자세를 가져야겠다는 다짐을 했었다. 그 후론 똑같은 실패를 하지 않으려 사업 확장을 하기 전 여러 사람에게 자문을 구한다. 그리고 꺼진 불도 다시 보란 말처럼 꼼꼼하게 재확인을 했고 실패할 수 있는 요소들에 대해서도 객관적으로 파악하려 했다.

'실패는 성공의 어머니'라는 속담이 옛말로 되어 가고 있다. 작은 실패는 거울이 될 수 있지만 시시각각 빠르게 변화하는 이 시대에서는 큰 실패는 다시 일어설 힘을 잃게 된다는 말이다. 다시 올라가기 위해 고군분투하는 시간에 남들은 더 많은 일들을 만들어내고 있다는 것을 생각해 보자. 그렇다면 경쟁 대열에서도 누락되어질 수밖에 없다.

아픈 기억이지만 한 살이라도 젊었을 때 경험한 것이 다행이라 생각한다. 백세 시대라 70세 청년이라고 한다지만 나이가 들수록 실패의 아픔을 딛고 일어서는 에너지가 딸릴 수밖에 없지 않은가. 가끔 그 앞을 지나갈 때면 가게를 보면서 그때의 쓰라린 가슴을 떠올려 보곤 한다.

누구나 실패는 하지만 성공한 사람은 똑같은 실패를 되풀이하지 않는다는 말을 듣고 무릎을 치며 공감한 적이 있다.

"나는 왜 이럴까?"

늘 같은 실수나 실패를 되풀이하는 사람들은 이런 푸념이 입에 배어 있다.

성공의 반대말은 실패가 아닌 포기라고 한다. 쉽게 포기를 하는 사람들은 성공의 봉우리에 올라가지 못하고 하산해 버리고 만다. 조금만 올라가면 정상인데 그걸 모르고 하산했다고 생각해 보자. 포기하고 싶을 때 다시 한 번 마음을 다져 보자. 이것도 못한다면 무엇을 할 수 있을까 하는 생각으로 말이다.

09
전국 최초 빈 잉크통
수거 사이트를 만들다

어릴 적 내 별명은 '호기심 대장'이었다. 에디슨처럼 발명에 소질이 있었던 건 아니었고 새로운 걸 시도하는 것을 좋아했다. 궁금한 건 참지 못해 종교에 빠져들었던 거 같다. 성경을 읽으며 기독교에 대한 관심이 심취로 이어졌고 직접 종교인이 되어야겠다는 생각을 했었다.

먹고 살기 위해 사업을 시작해 처음에는 정신없이 일에만 매달렸지만 정신적 여유가 생기자 새로운 것들이 눈에 들어왔다. 잉크 재충전을 위한 잉크방도 최초로 시도했었고 아이디어를 내 스티커와 포장박스를 제작해 나만의 독자 브랜드 '잉크플러스'라는 재생 잉크를 생산해 냈다. 그 당시 잉크 충전방은 재생 잉크를 공급받아서 쓰는 가게가 많았다. 박스에 넣어서 판매하면 잉크 충전만 해줄 때 보다 거의 두 배의 수익을 남길 수 있었다. 포장박스도 '잉크플러스'라는 자체 브랜드명을 넣어 깔끔하게 디자인했다. 이것도 최초의 시도였다.

빈 잉크통은 사무실에 배달을 다니면서 돈을 주고 사들였다. 당시 정품 잉크값이 4만 원이었으니 재생잉크를 만들어 반값에만 팔아도 원가 대비 수익성이 상당히 높았다. 프린터기가 막 보급되기 시작할 때였기에 비싼 정품 잉크보다 재생 잉크 선호도가 높았다.

아내가 잉크를 충전해 재생 잉크를 만들어 주고 나는 그것을 사무실에 납품했다. 규모는 작았지만 재생 잉크 공장이었다. 상품처럼 포장까지 해서 도매가로 팔지 않고 바로 소매가로 팔았으니 수익률도 굉장히 좋았다. 동인동 매장 실패를 재생 잉크로 만회할 수 있었다.

오프라인에서 재생 잉크 판매가 늘어가자 인터넷 판매로 눈을 돌렸다. 옥션에 올려 보았더니 기대 이상으로 잘 팔려 나갔다. 그렇게 재생 잉크 판매가 늘자 잉크통이 턱없이 모자랐다. 직접 수거하는 것도 한계가 있었고 그 양으로는 판매량을 맞출 수 없었다. 고민하던 중 인터넷으로 수거가 가능할 거 같다는 생각이 들었다.

전국 최초 빈 잉크통 수거 사이트 '잉크통 4989(www.inktong4989.com)'를 만들었다. 빈 잉크통을 산다고 광고를 하니 인기가 폭발적이었다. 500원, 1500원, 2500원으로 전국 곳곳에서 빈 잉크통을 사 모았다. 그것으로 대량 재생 잉크를 만들어 판매하자 인터넷 쇼핑몰 규모도 커지기 시작해 독립적 판매 사이트 '잉크할인마트(www. inkdcmart.com)'를 만들었다. 옥션에 올려 팔면 수수료를 10% 이상씩 주어야 해 자체적으로 쇼핑몰을 만든 것이다. 쇼핑몰을 오픈한 지 2주가 되니 40건, 50건씩 주문이 고정적으로 올라왔다. 그때가 2006년이었다.

"대박이다! 잘만 하면 단시간 내에 배달이나 매장 수익의 수십 배는 올릴 수 있겠다."는 생각으로 배송 직원을 구해 배달을 맡기고 쇼핑몰 운영에 집중했다. 광고비가 비싸긴 했지만 홍보가 잘 되어 고객이 폭주하면 광고비는 뺄 수 있겠다는 생각으로 큰 광고대행사에 의뢰했다.

고객이 늘어 수익은 많이 났지만 광고비가 워낙 비싸 첫 달은 적자가 되었다. 하지만 재구매 고객이 늘어나는 건 희망이 있다는 계산이 나왔다. 예상대로 삼 개월 후부터 흑자 전환이 되었다. 그렇게 쇼핑몰 시작 6개월이 채 안 되어 전국 판매 1위를 했고, 2007년에는 개인 사업자에서 법인으로 전환하였다.

잉크 재생에 이어 빈 토너 카트리지에 눈을 돌렸다. 재생 잉크 못지않게 재생 토너 수요자들이 많아 300평 규모의 재생 토너 공장도 설립했다. 재생 토너 공장의 토너 생산량도 지금은 전국에서 다섯 손가락 안에 드는 규모로 성장했다.

빈 잉크통, 토너통 수거 사이트가 전국적으로 히트를 치자 그것을 바탕으로 재생 잉크, 재생 토너를 만들어서 쇼핑몰에 직판을 하니 가격 경쟁 우위로 올라섰다. 다른 업체는 수거업자가 돈을 주고 잉크통을 수거해서, 그것을 마진을 남기고 공장으로 넘기지만 우리는 직접 소비자에게 잉크통을 수거해서 바로 판매하는 방식이라 가격 경쟁이 우월했다. 여기저기서 빈 잉크통이 몰려와 재생 잉크를 만들고도 빈 통이 남아돌아 마진을 붙여 다른 재생 잉크 공장에 팔기도 했다. 일석이조의 수익이 발생했다.

어떤 사람은 내게 운이 좋았다는 말을 한다. 하지만 난 '운칠기삼'(운이 7할이고 재주(노력)가 3할이라는 뜻)이라는 말처럼 운만 좋다고 성공의 길을 가는 건 아니라 생각한다. 시대흐름을 읽으며 여러 각도로 생각해보고 아이디어를 냈고 그것이 이윤 창출로 이어졌다. 몸과 머리를 쉬지 않고 움직인 것이 기운으로 작용해 운과 연결되었다고 본다.

잠시 쉬어 가는 것도 재충전을 위해 필요하다. 하지만 많은 시간을 아무 생각하지 않고 아무것도 하지 않는 것, 그것은 가장 무서운 병이자 적이 아닐까.

10
내가 가진
가장 강력한 무기

재생 잉크 수거 사이트를 생각해 내고 제로보드라는 홈페이지를 만들 수 있는 도구로 제작했다. 그런데 이 제로보드로 만든 홈페이지는 보안이 매우 취약했다. 설마 했지만 방문자 수가 늘자 어느 날 갑자기 먹통이 되어 버렸다. 홈페이지나 사이트 같은 거에는 문외한이었던 난 보안이 중요한지는 감지하지 못했었다. 2주간 먹통이 지속되자 업무 차질이 빚어져 전문 업체에 홈페이지 제작을 의뢰했다. 온라인 영업이 멈추자 난 다시 발로 뛰어다니며 잉크통 수거에 나섰다. 걸림돌이 있다고 주저앉지 않았다. 새롭게 제작된 홈페이지가 뜰 때까지 기다릴 수만은 없었다. 먹통이 되었을 때는 초조하고 짜증도 났지만 그런 걸로 정신적 소모를 하는 건 낭비라 생각했다.

동인동 가게로 실패를 보았을 때도 사람인지라 화가 나 속이 상하기도 했지만 바로 털어 버리려 노력했다. 이루어 내려는 끈기는 필요하지만 나쁜 것을 머리에 두는 집착은 불필요한 것이라고 생각했다. 두고두고 곱씹어 봤자 달라질 게 없다면 빨리 털어 버리는 게 시간과 정신적 소모를 줄이는 길이다. 난 그걸 내 사고의 습관으로 자리 잡게 하려 노력했다.

사업 초창기에는 주문을 받으면 일을 나가도 되었지만 난 8시면 집을 나섰다. 마음이 해이해지지 않으려 틀을 만들어 놓고 지켜 나갔다. 퇴근 시간도 7시로 정해 놓고 지켰다. 배달이 늦어지는 경우는 야근이라 생각했다. 누구 눈치 볼 일은 없었지만 규칙을 정해 따랐다. 친구들과 편한 술자리도 9시면 끝내고 집에 들어갔다. 친구들이 서운해했지만 과음으로 다음 날 지장을 주는 일은 없어야 한다는 게 내 철칙이어서 절제를 했다. 더군다나 고객들에게 술 냄새를 풍기면 이미지 실추가 될 수 있어 더 조심했다. 직접 고객을 대하는 서비스맨은 자기관리가 필수이다.

사업상 골프 모임에 들어가기 위해 골프를 배웠다. 처음에는 뒤땅만 쳐 공이 날아가지 않아 재미가 없었지만 필드에 나가야 한다는 일념 하나로 열심히 연습했다. 탕! 가벼운 소리를 내며 공이 떠멀리 날아갔다. 그걸 보며 인생도 한방이지만 망하는 건 더 한순간이라는 생각이 들었다. 같이 필드에 나가는 사람들에게 민폐를 끼치지 않으려 연습했지만 가볍게 멀리 나는 공을 보며 필드에서도 돋보이는 사람이 되고 싶어졌다. 사람의 욕심이란 그런 거다. 틈틈이 연습에 매진해 드라이브 장타를 치는 사람이라는 평을 받게 되었다. 칭찬과 박수를 받으면 더 열심히 하게 되는 게 사람 마음이다. 힘들 때일수록 자신에게 칭찬과 박수를 보낸다면 가볍게 이겨낼 수 있다고 본다.

즐거움을 절제하는 건 끈기를 가지는 것보다 더 힘들다. 절제 중 가장 힘든 건 욕심을 절제하는 일이다. 하지만 욕심이 불러온 실패를 반추해 보며 어떻게 절제해야 하는지 방법을 배웠다. 지금도 내 마음에 갈등을 가져 오게 하는 것들을 물리치며 끈기와 절제를 하고 있지만 쉽지 않을 때도 많다. 무덤에 들어갈 때까지 싸워야 하는 것들일까.

그것들을 물리치고 얻은 것, 그것의 희열을 생각한다면 다시 주먹을 쥐게 된다. 오늘도 그것들을 물리치는 것을 게을리하지 않고 있다. 갈등이 사라질 때까지 끈기와 절제를 즐기려 한다.

Chapter

3

손해의
부메랑을
이익으로 받다

인내는 쓰지만
그 열매는 달다.

— 아리스토텔레스

01

사업의 핵심,
내가 먼저 손해 본다

인간 관계나 사업에 '내가 먼저 손해 본다'는 원칙을 가지고 사업 곳곳에 적용하고 있다. 물론 흔히 하는 말로 호구가 된다는 말은 아니다. 이익을 앞세우지 않고 손해도 감수한다는 뜻이다. 혼자서는 여기까지 올 수 없었다. 더불어 사는 사회에서는 사람들 없이는 무슨 일이든 해낼 수 없다. 혼자 하는 연구도 누군가 인정해 줘야 실적으로 돌아오게 된다. 고객, 가족, 지인 모두가 내게 소중한 사람들이었다. 그 소중함을 알고 있는 것이 아닌 감사의 마음을 전하는 게 도리라 생각했다.

누군가 밥을 사기 전 내가 먼저 샀고, 한 번 얻어먹으면 두 번 사려 노력했다. 상대가 불편해하지 않도록 슬쩍 계산을 했다. 더 많이 샀으니 손해라고 생각을 하는 사람들도 있다. 하지만 나는 그렇게 생각하지 않는다. 상대가 이기적이라 얻어먹는 걸 즐기는 사람일지라도 내색하지 않았다. 그러다 보니 그런 사람도 내게 미안한 마음을 가지고 자신도 보답하려 했었다. 그걸 보며 내 원칙이 인간 관계를 리드한다는 사실을 느꼈다. 물론 나 같은 사람을 이용하려 드는 사람도 있다. 그건 그 사람의 그릇이라 생각한다. 자신의 인간 관계만 힘들게 할 뿐이다.

밥을 사는 것 외 사람들에게 칭찬을 많이 해준다. 돈 안 들이고 비싼 효과를 얻는 게 칭찬이다. 그리고 힘들어하는 사람들의 말을 잘 들어준다. 가장 힘들 때 자신의 말을 경청해준 사람이 기억에 남기 마련이다. 잊혀지는 사람이 되고 싶지 않았다. 머리보다 가슴에 남는 사람이 되고 싶어 누군가 힘들어하면 달려가 시간과 내 정신적 소모를 아낌없이 해주었다.

이 원칙을 매장에 적용했다. 우리 매장에는 커다란 170cm의 '몽당연필' 모형이 서 있다. 서울에서 문구 관련 박람회를 갔다가 몽당연필을 새 연필로 바꿔주는 행사를 보고 아이디어를 얻었다. 당시는 몽당연필을 가져오면 그냥 교환해 주는 식이었는데, 나는 거기에 아이디어를 내어 몽당연필을 시각화해 보면 어떨까 고민했다. 문구를 판매하는 매장에 몽당연필모형이 서 있으면 상징성도 있고 홍보도 될 것 같았다. 연필 모양의 상징물을 매장 안에 세우고 7센

티미터 이하의 몽당연필을 가져오면 새 연필로 교환해준다고 홍보했다. 아이들이 직접 넣을 수 있도록 투입구도 만들었다. 아이들은 쓰다 남은 몽당연필을 매장에 가져 와 직접 넣어보며 재미있어 했다. 지금까지 수거된 연필만 대략 3만 자루가 된다.

요즘 시대에 몽당연필을 볼펜대에 끼워 쓰는 아이가 있을까. 아이들이 몽당연필을 새 연필로 바꾸어 그냥 가는 일은 드물다. 특히 부모님과 함께 온 아이들은 이것저것 사달라며 떼를 쓰기도 한다. 무엇이든 보아야 충동이 생기기 마련이다. 몽당연필을 바꾸러 온 아이들이 충성 고객이 되어 오히려 우리에게 이윤을 안겨 주었다.

몽당연필 무료교환 안내모형

아이들이 쇼핑한다고 야단을 치는 부모님들도 몽당연필을 가져다 새 연필로 바꾸는 아이들의 정신 태도에 흡족해하신다. 아이들에게 절약 정신을 주고 부모님의 마음을 흐뭇하게 해 드리고 매상도 올리고 일석삼조라 생각한다.

인터넷 쇼핑몰 곳곳에도 이런 원칙들을 적용시켰다. 손해를 보더라도 고객 입장과 만족을 먼저 헤아려 서비스하려 했다. 서비스한다, 필요하면 불러 달라, 부족한 부분을 이야기해 달라는 말들은 서비스 의식이 결여된 것에서 나오는 것이다. 남들이 다 하는 서비스는 서비스가 아닌 관행이다.

경제적 발달로 고객 수준과 의식이 높아졌다는 사실을 인지해야 한다. 눈높이를 못 맞추면 불친절로 불평을 당하는 것만이 아닌 외면을 당하게 된다. 한두 고객의 외면은 신경 쓰지 않는다고 한다면 오산이다. 만족에 대한 평가보다 불만족 평가가 더 빠르게 전파된다는 사실을 알아야 한다. 고객 입을 통해 나오는 구전 마케팅, 그것이 기업의 운명을 갈라놓을 수 있다.

'기브 앤 테이크' 정신이 투철한 사람은 인간 관계에 회의를 자주 느끼게 된다. 해준 만큼 돌아오지 않는 경우가 더 많다. 그런데 돌아올 것을 기대하며 주었다면 스스로 인간 관계 한계를 자처하는 꼴이다. 조건 없이 마음을 비우고 베풀어라. 그러다 생각하지 못한 것이 돌아온다면 더 감동을 받게 될 것이다.

　아무리 퍼주어도 망하지 않는 따뜻하고 힘을 주는 말 한마디는 펑펑 낭비해라. 그 말에 힘을 얻고 행복해지는 건 바로 자신이다. 그 말의 기운이 자신에게 복과 행복을 가져다주기 때문이다.

02

다 있으니까 '다다오피스'
– 모든 정보는 고객에게서

대구시 북구 침산동에 위치한 다다오피스 본점은 전산, 문구, 사무, 공구, 완구, 생활용품 등 10만여 가지의 제품들을 망라한 전국 최초 융복합 매장으로 한 곳에서 원스톱 쇼핑이 가능한 매장이다. 의류나 채소, 냉동, 냉장 식품을 제외하고는 웬만한 것은 다 갖추고 있어 제품의 다양성과 가격, 품질, 서비스까지 갖추려 노력했다. 복사용지 사업을 시작으로 융복합 매장으로 발전시킨 배경에는 고객이 있었다.

처음 복사용지를 배달 다닐 때, 사무실 사람들은 복사용지 외에 이것저것 다른 잔심부름을 시키기도 했다. 고객을 위해 서비스 차원에서 그들의 심부름을 모두 해주었다.

"복사용지 가져 오는 김에 풀 하나 사다 주세요."

"풀 사오는 김에 화일도 사다 주실래요?"

고객들이 부탁하는 것들을 마진 없이 그대로 사다 주었다. 그러던 어느 날 복사용지만 팔지 말고 사무실에서 필요한 것들을 함께 파는 게 낫겠다는 생각이 들었다. 복사용지 외에 자주 찾는 사무용품들을 떼어다 팔기 시작했다. 그 당시에는 여성 경리 사원은 탕비실 관리까지 했었다. 주방 세제, 고무장갑, 청소 용품 등 생활 용품까지 부탁을 했다. 고객들이 원하는 품목들을 갖추며 판매를 하기 시작하다 보니 어느새 제품이 다양해졌다.

"필요한 모든 제품을 한 곳에서 쇼핑할 수 있게 하자."라는 생각에 사무실에서 필요한 물건은 다 있다는 의미의 '다다오피스'라 상호를 정하고 매장을 오픈하게 되었다. 다다오피스 건물을 처음 지었을 때도 고객의 소리에 귀를 기울였다. 1000평 규모의 매장에 어떤 제품들로 채울 것인가에 대한 답을 고객으로부터 찾았다. 모든 게 다 있다는 상호에 맞게 고객이 왔다 그냥 발걸음을 돌리게 해서는 안 된다 생각했다.

- 고객이 다다오피스를 올 때 어떤 제품들을 구매하러 올까?
- 고객이 다다오피스에 요구하는 것은 뭘까?

두 가지 초점을 가지고 고민해 매장을 꾸몄다. 운영을 시작하면서도 고객의 소리에 귀 기울였다. 만족보다는 불만족에 더 크게 귀

〈다다오피스 매장 내부〉

를 열고 개선해 나가려 노력했다.

하루는 고객이 투명한 박스 테이프를 찾았다. 제품이 있는 곳으로 안내했지만 찾는 테이프가 아니라는 것이다. 공업용으로 된 두껍고 많이 감긴 테이프를 찾았다. 알고 보니 침산동 지역이 공단 지대라 대용량으로 된 공업용 제품을 많이 찾았던 것이다. 바로 공업용 제품들을 구비해 갖추었다.

신학기가 되면 학생들과 부모님들이 신학기 용품을 사러 온다. 1층 매장 중간 매대에 신학기 용품만을 모아 한 바퀴만 돌면 신학기에 필요한 모든 물품을 구매할 수 있도록 상품을 진열해 놓았다. 고객이 편리하고 신속하게 쇼핑할 수 있도록 동선을 고려한 것이다. 또한 학부모님들이 목록을 써 오면 제품을 준비해 주고 학교 이름을 대면 무엇이 필요한지 알려 주었다. 이런 서비스에 만족한 학부모님들은 다다오피스의 단골 고객이 되었다.

　타 지역에 비해 다문화 가정도 많은 편이다. 한국말이 서툰 외국인 엄마와 나이 많은 아빠를 둔 초등 1학년생 가족이 오면 사야 할 물품을 적어 오고도 그것이 무엇인지 몰라 헤매는 경우가 많다. 그럴 때 직원들이 일일이 물건을 찾아주며 일대일 서비스를 하기 시작했다.

　고객이 만족한다 해도 방심하지 않으려 했다. 나날이 서비스 품질이 높아져 가고 있는 시대이다. 자칫 방심하다 보면 고객의 의식 변화에 발맞추어 나가지 못할 수도 있다.

- 고객이 만족한다 해도 안심하지 마라.
  (불만을 숨기고 있는 고객들이 더 많을 수 있다는 가정을 놓치지 마라.)
- 고객의 불만에 귀를 크게 열어라.
  (누구나 좋은 소리에만 귀를 열고 싶다. 하지만 불만의 소리에 우리
  　다다오피스 운명이 달려 있다.)
- 정보를 준 고객에게는 감사의 인사를 전해라.
  (다다오피스를 위해 정보를 준 고객들에게는 말로만 감사의 인사가
  　아닌 음료수 하나라도 챙겨드리는 따뜻한 마음을 전달해라.)

　직원들에게 교육하는 내용이다. 직원들에게만 시키는 것이 아닌 나 스스로 솔선수범하려 노력한다. 사장은 지시하는 사람이 아

닌 본보기가 되어야 한다고 생각한다. 고객들에게 친절해라 강조하기 전 내가 먼저 직원들에게 친절한 서비스를 하려 한다. 직원들의 기분이 고스란히 고객들에게 전달되기 때문이다. 내부 고객 만족이 외부 고객 만족으로 이어진다고 믿는다.

03
인터넷 쇼핑몰
1등 비결

"고객의 마음을 움직여라."

경쟁이 치열한 사회 속에서 갈대 같은 고객의 마음은 언제 어디로 흔들릴지 모른다. 그런 고객들이 꾿꾿이 다다오피스를 이용하게 만들기 위해서는 만족이 아닌 감동서비스를 해야 한다. '마음이 통하면 쉽게 잊혀질 수 없다'는 생각으로 고객이 말하기 전 욕구와 요구를 헤아리는 서비스를 하려 노력해 왔다.

서비스 뿌리를 내리기 위해 우선적으로 내부 고객 감동을 이루려 했다. 가정교육 잘 받은 아이들은 시키지 않아도 밖에 나가면 예의 바른 아이가 된다. "예의 바르게 행동해라"는 가르침을 받은 아이들이 가정교육을 잘 받은 것일까. 바른 아이들을 보면 부모가 예의 바르고 반듯하다. 말이 아닌 부모의 모습을 보며 배우고 닮아가는 때문이다. 마찬가지로 사장의 모습이 반듯하고 친절하며 직원들을 진심으로 생각해 대우한다면 애사심은 저절로 나오게 된다. 애사심은 고객을 소중하게 느끼며 배려와 진정된 서비스로 이어지는 건 뻔하다. 나는 이런 것을 실천에 옮기려 했고 노력하고 있다. 실천은 과거형이 아닌 현재, 미래형으로 이어져야 한다고 생각한다.

　나는 10여 개의 인터넷 쇼핑몰을 갖고 있다. 폐카트리지 수거 사이트인 '잉크통 4989', 잉크 토너 할인몰 '토너 짱', 잉크 토너는 물론 문구와 생활용품을 동시에 판매하는 종합쇼핑몰 개념의 '다다오피스', 판촉물 전문 할인몰 '기프트 옥션'이 대표적인 사이트이다. 현재는 판촉물, 문구 사무용품, 생활용품, 환경구성 용품, 화방용품 이런 것을 모두 묶은 개념의 도매 종합 쇼핑몰 '다다플러스 (www. dadaplus.co.kr)'를 준비 중이다. 또한 화방 전문 쇼핑몰도 준비하고 있다.

　이런 쇼핑몰들이 업계 1위를 할 수 있었던 것은 남들이 하지 않는 것들을 최초로 시도했기 때문이다. 경쟁 우위에 서고 싶다면 경쟁 업체가 제공하지 않는 서비스를 제공해야 한다고 생각했다. 그렇다면 바람 부는 대로 흔들리는 고객의 마음을 잡을 수 있으리라. 이런 내 생각이 맞아 들어갔다. 최초로 시도하는 것은 초기는 어렵지만 입소문이 나게 되면 독보적 가치를 만들게 된다.

　인터넷 쇼핑몰이 시작되던 시기에 돈을 입금받고 물건을 배달하지 않는 사기 치는 사이트들이 간간이 있었다. 그것이 기사화가 되면서 많은 고객들이 인터넷 쇼핑몰에 대한 불신감이 늘어갔었다. 불신감을 가진 고객들에게 믿음을 주어야 하는 게 가장 큰 관건이었다.

'신뢰', '믿음' 이 두 가지에 신경을 썼다. 실시간 주문 건수 및 실시간 진행 상황, 실시간 회원 가입까지 고객들이 볼 수 있게 사이트를 준비했다. 그리고 고객이 주문하면 이름과 결제 상황이 바로 뜨고, 주문 접수 후에는 배송 준비인지 발송 완료인지 실시간으로 화면에 띄워 주고 문자 전송서비스도 했다. 지금은 다른 업체에서도 많이 하고 있는 것들이지만 내가 국내에서 처음으로 시작한 것인지는 잘 모르겠지만 반신반의하던 고객들은 한두 번의 거래를 하면서 이런 주문 접수, 배송 준비, 발송 완료가 실시간으로 뜨면서 믿음을 갖게 되어 다다오피스를 신뢰하기 시작했다.

획기적으로 '24시간 내 배송'서비스도 했다. 요즘은 로켓 배송이 있지만 그 당시에는 24시간 내 배송이 없었다. 오후 6시 전까지만 주문하면 전국 어디라도 다음 날 바로 받아 볼 수 있는 서비스였다. 새로운 시도였고 반응이 뜨거웠다.

여기에 실시간으로 택배 송장번호와 쇼핑몰 주문번호를 링크시켜 고객이 본인의 휴대전화 번호 끝자리 4자리만 입력하면 배송 추적을 바로 할 수 있도록 하는 실시간 배송추적 서비스도 추가했다. 편리함과 믿음, 이 두 단어가 신뢰 구축에 뿌리를 내리게 했다.

불량이 났을 때도 무조건 '선 발송 원칙'을 고수했다. 재생 잉크

토너가 불량이 나면 이유 여하를 묻지 않고 새 제품으로 선 발송했다. 그리고 불량난 제품은 나중에 돌려받았다. 일반적으로 불량을 확인한 뒤에 새 제품으로 교환해주거나 AS를 해주지만 우리는 무조건 선 발송을 고집했다. 이런 서비스 원칙으로 손해를 보는 경우도 있었지만 많은 고객들의 신뢰를 받은 거로 따지면 아주 미미하다 생각했다. 우리 쇼핑몰의 잉크토너 AS기간은 3년이다. 이런 AS기간도 최초였고 고객들의 뜨거운 반응을 받았다.

견적서나 거래명세표, 간이 영수증, 현금 영수증, 카드 영수증, 세금계산서 등 각종 양식도 고객이 쇼핑몰에서 직접 손쉽게 뽑아 볼 수 있도록 했다. 영수증이나 거래명세표 하나 뽑으려고 업체에 전화해서 팩스로 받아 보아야 하는 번거로움을 해결했다. 그 외에 인터넷을 못하는 고객들을 위해 팩스 주문서 출력이나, 관공서나 공공기관, 학교 등의 후불 결제서비스 등 고객이 원하는 것은 모두 스스로 해결할 수 있도록 프로그램을 업데이트시켜 나갔다.

또한 불친절신고센터나 고객제안코너를 만들어 쇼핑몰 이용 중 불편사항이나 개선사항, 상담원의 불친절 내용 등을 올리게 했고, 그 내용을 내 휴대폰으로 바로 날아오도록 해 고객들의 목소리를 신속하게 반영했다. 이런 것들이 찾아가는 서비스라 생각한다.

고객의 불만 소리가 그대로 사이트에 남도록 했다. 그것을 지우는 건 문제점을 감추려 드는 것밖에는 안 된다. 불만이 어떻게 해소되었는지에 대한 것들도 오픈해 작은 오해나 불만의 불씨를 제거하려 노력했다.

눈 가리고 아웅은 오래가지 못 하는 법이다. 덮으려 할수록 눈덩이가 굴러 눈사람이 되듯 더 부풀려질 수 있다. 잘못된 것도 인정하며 고개를 숙일 줄 아는 사람은 용서만 받는 것이 아닌 신뢰까지 덤으로 받게 된다.

04

신용은
가장 큰 자본금

돈은 사람을 울리게 하기도 웃게 만들기도 한다. 돈 때문에 인간 관계가 끈끈해지기도 단절되기도 한다. 이렇게 보면 돈이란 참 무서운 것이다. 돈이 그 사람의 신용을 만드는 시대, 씁쓸하지만 어쩔 수 없는 현실이다. 그래서 돈 거래만큼은 약속을 잘 지키려 노력했다. 이자를 주고 마이너스가 되더라도 물건 대금 날짜는 꼭 맞추었다. 신용도 문제지만 싼값에 제대로 된 물건을 공급받을 수 있기 때문이었다. 결제를 어음이 아닌 현금으로 해야 신용을 더 얻을 수 있었다. 생활비가 없어도 물건 대금은 현금으로 지급하는 게 철칙으로 되어 버리기도 했다. 이런 내 처신이 다다오피스의 이미지를 높이고 여기까지 온 디딤돌이 되지 않았나 생각한다.

한 번은 매입처와 장부가 안 맞은 적이 있었다. 거래처에서는 물품대금이 천만 원이라고 하는데 우리에게 들어온 물품은 구백만 원이었다. 아내와 거래처가 품목을 따지느라 이틀이 소비되어 결제 날짜가 지나가고 말았다. 결제 날짜를 넘기지 않고 현금으로 지급한다는 내 원칙이 어긋나고 말았다. 아내가 잘못한 건 없지만 내 원칙이 틀어진 게 속상해 서로 물품 품목 맞춘 금액은 바로 지급했다. 그런 내 모습에 거래처에서 더 미안해하며 끈끈한 관계가 된 계기가 되었다.

어느 곳이나 나쁜 사람들이 한두 명 끼어 있다. 물건을 가져다 팔고 대금을 떼어먹는 곳들이 그 당시에는 심심치 않게 많았다. 도매업을 하는 사람들은 큰돈이 떼이면 휘청거릴 정도로 타격을 받았다. 가끔씩 덤핑이나 싼 물건들이 나오기도 하는데 믿음이 강한 곳이 아니면 주지 않았다. 나는 신뢰를 쌓아온 덕에 그런 물건들을 잡을 수 있었다. 어떤 경우에는 먼저 우리에게 준다는 제안을 받기도 했다. 그럴 때마다 내 원칙을 고수한 게 잘한 일이라는 생각이 확고해졌다.

여유 자금이 없는 경우는 언제쯤 결제가 가능한지 사실대로 이야기했다. 여유가 없으면서도 금방 결제를 해줄 것처럼 떠벌리는 사람도 있다. 하지만 난 신용, 신뢰를 쌓기 위해 사실대로 정직하게 이야기했다. 약속을 잘 지키는 걸로 유명해진 덕에 좋고 싼 물건들을 잡을 수 있었다.

이런 내 원칙이 거래처에만 국한된 건 아니었다. 내부에서도 철저하게 지켜 나갔다. 월급날을 지키는 건 당연하다. 그날이 휴일이거나 연휴라면 미리 앞당겨 지급했다. 그리고 명절이 다가올 때면 준비할 게 많을 거란 생각에 더 미리 지급해 주었다. 그러다 보니 가장 가까우면서 무서운 고객인 아내에게는 옐로카드를 받기도 했다. 생활비까지 모두 대금 결제와 직원 월급으로 지급하다 보면 생활비는 제 날짜에 못 주기도 했으니 말이다. 레드카드까지 가지는 않았으니 다행이라고 생각하며 웃기도 했었다.

　인복이 있는지 좋은 직원들과 함께하는 것도 감사했지만 우리가 납품하는 거래처들도 대금을 밀리거나 떼어먹는 곳이 없었다. 딱 한 번 사업 초기에 모 식품업체에서 몇 백만 원을 결제해 주지 않고 만나주지도 않았던 적이 있었긴 하지만 그 후로는 그런 일은 없었다. 내가 마음을 곱게 쓰고 처신해 인복이 만들어졌다고 생각한다.

　신용을 쌓는 것이 어려운 일은 아니다. 돈이 돌지 않아 제 날짜에 결제를 못해 주는 상황이 생길 수도 있다. 빌릴 곳도 없으면 노력해도 안 되는 것이다. 하지만 이런 경우 피하는 게 상책이 아니다. 애쓰고 있다는 것을 상대에게 알려 주는 것도 신용 마이너스를 줄이는 길이다.

　통장 잔고가 많으면 든든해지고 신용이 높으면 대출 한도도 올라간다. 사람 관계도 얼마나 신용을 쌓아 두었느냐에 따라 말의 신뢰도가 달라진다. 평소의 처신이 신용도를 판가름하게 된다. 소소한 것도 그냥 지나치지 않도록 해야 한다. 큰 것보다 작은 것에 사람의 감정이 더 상할 수 있다.

신용! 그것은 사람 관계를 이끌어 가는 자산이다. 사람들이 내 말을 안 믿는다며 푸념만 할 게 아니다. 왜 안 믿는지 자신을 되돌아보아야 한다. 작은 것도 지키려는 자세가 신용을 저축하게 만든다. 가진 게 없을수록 신용도는 높여라. 그것이 큰 자산이 되어 버팀목이 될 것이다.

05

폭리는
폭삭 망하는 지름길

흥하는 건 한순간이지만 망하는 건 빛의 속도이다. 운이 좋아 대박을 터트려 한순간 흥하는 사람을 아주 가끔 보기도 한다. 하지만 이런 경우보다 빛의 속도로 많은 걸 잃어버리는 사람을 확률적으로 더 많이 본다. 그건 이루는 건 힘들지만 잃는 건 쉽다는 뜻이다.

마찬가지로 충성 고객을 확보하려면 시간과 노력 투자가 많이 필요하지만 고객들을 잃는 건 한순간이다. 몇 년간 쌓아온 신뢰도 하루아침에 날라갈 수 있다는 거다. 좋은 말보다 나쁜 말이 더 빨리 퍼져 나간다고 한다.

2006년 와튼스쿨 보고서에 의하면 불만 고객 중 5%만 불만 표출을 하며 나머지 95%는 불만을 담고 있다고 한다. 95% 중 31%가 3~5명에게 험담을 늘어놓는데 급속도로 빠르게 퍼져 나가고 좋은 소문은 나쁜 소문에 비해 1/20로 퍼져 나간다 한다. 이 말을 듣고 너무 놀랐었다. 나쁜 말이 빨리 퍼져 나간다는 건 알았지만 수치 보고서를 보니 피부에 바로 와 닿았다.

고객 요구와 욕구를 헤아려 찾아가는 서비스를 하려 노력해 서비스 품질과 기업 이미지가 올라갔지만 물거품이 되는 건 한순간이라 느꼈다. 요즘처럼 통신 기능이 발달된 시대에서는 정말 빛의 속도만큼 빨리 퍼져 나갈 수 있다 생각했다. 그래서 더더욱 고객 불만에 귀를 크게 열려 노력했고 직원들에게도 수시로 당부하고 있다.

◆ 고객 입을 통한 구전 마케팅

요즘 맛집 프로그램이 많아졌다. 좋아하는 연예인이 추천하는 맛집에는 더 신뢰가 느껴져 일부러 찾아가기도 한다. 직접 경험한 고객의 입이 신뢰성을 높이는 것이다. 처음에는 맛집 정보를 찾아 댓글을 보며 찾아가기도 했지만 영업적 댓글이 많다는 걸 인식한 고객들은 이제는 그런 추천 글에 신뢰하지 않는다. 인터넷 발달로 정보 수집이 빠르고 정확해졌다. 고객 경험에 의한 구전 마케팅은 신뢰를 높인다.

◆ 가격, 품질을 보는 눈이 높아진 고객

가격과 제품 정보를 빠르게 받고 있는 고객들은 눈가림에 쉽게 넘어가지 않는다. 서비스맨보다 더 많은 정보를 가지고 있는 고객들도 있다. 이런 경우라면 서비스맨 말이 상술이라고 느껴 불신을 가질 수밖에 없다. 그 불신을 혼자만 간직하면 좋겠지만 고객이라는 이름이 그러한가. SNS를 즐기는 고객이라면, 그 다음 결과는 불 보듯 뻔해진다. 고객을 탓할 것인가. 불이 나 끌 걱정을 하기 전 사전 예방이 중요하다. 작은 불씨도 재점검한다. 꺼진 불도 다시 보자는 문구는 화재 예방에만 적용되는 것이 아니다. 고객관리, 특히 불만 고객에 대해서는 철저하게 지켜야 한순간 날아가는 것을 막을 수 있다.

얕은꾀로 폭리를 취하는 사람이 있다. 한 번으로 끝내자는 한탕주의라면 뭐라 할 수 없겠지만 먼 곳에서 온 고객, 잘 모르는 것 같은 고객에게 눈 가리고 아웅 하는 식으로 품질이 떨어지는 것을 끼어 팔거나 폭리를 취하기도 한다. 그런데 그 고객이 정보에 빠르고 SNS를 즐기는 고객이라면 돌아가는 부메랑은 말 안 해도 뻔하다.

유통은 같은 제품을 싸게 파는 곳이 입소문이 날 수밖에 없다. 우리 매장은 문구류 같은 경우 90% 이상의 제품을 30% 할인된 가격에 판매한다. 대량으로 구매하는 기업체나 사무실의 경우는 추가 5% 할인을 더 해준다. 이런 가격 경쟁 때문에 우리 매장만 찾는 단골 고객이 늘었다. 사실 할인율을 낮추면 이익은 높아지는 거다. 하지만 그 이익을 고객의 몫으로 돌렸다. 한두 번 오는 것보다 충성 고객이 되어 우리 매장만 찾는 고객이 많아진다면 행복하다는 생각에서였다. 하루 이틀 하다 그만둘 사업이 아니기 때문이다.

회사가 존재하는 한 그 고객들과 함께하고 싶은 바램이다. 그것이 바램으로만 그치지 않게 하려면 내 작은 욕심을 버리는 게 우선이었다. 몇 십 원도 모이면 큰돈이 된다. 그것을 생각해 할인률을 낮출 수 있다. 하지만 그 몇 십 원이 몇 십 배 고객을 잃게 한다는 사실을 외면하게 되면 나중에는 모든 것을 잃게 될 수도 있다.

06

독특, 독창적 매장을 만들어라

매장 카운터에서 계산하고 관리하는 프로그램은 '포스 프로그램'이다. 구매량에 따른 할인율, 제품에 따른 할인율이 있다 보니 일반적으로 사용하는 프로그램이 우리에게 맞지 않아 자체 프로그램을 개발했다.

문구점에서는 종이 계산하는 것이 어렵다. 파인애플 지, 구김 지, 타공 지, 머메이드 지 등 종이 종류가 많은데, 종이마다 바코드가 없기 때문에 종이에 대해 잘 아는 직원이 아니라면 계산이 어려워진다. 이 문제에 대해 고민하던 중 마트에서 영감을 얻었다. 바코드가 없는 감자, 고구마 같은 걸 무게를 달아 가격을 매기는 걸 보며 종이도 그런 방식을 택하면 되겠다는 생각이 들었다.

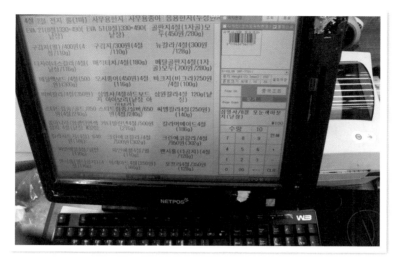

〈다다오피스만의 포스 시스템〉

"유레카! 종이도 저렇게 하면 되겠구나!"

종이 이름과 장수를 확인해서 바코드를 뽑아 붙여오면 카운터에서 쉽게 계산할 수 있겠다는 생각이 들었다. 그래서 우리는 종이 이름과 장수를 누르면 바코드가 발생되는 지류포스 프로그램을 전국 최초로 만들었다.

종이구매 고객에 대한 고민이 또 하나 있었다. 종이에 대해 잘 아는 직원이 아니라면 고객들보다 더 무지해 찾지 못하기도 한다. 교육을 시키지만 구매자가 많은 품목이 아니라 직원들이 신속하게 응대하지 못하는 걸 보며 대안책을 고민했다. 우연히 식당에 갔다 주문을 하려고 벨을 누르는 순간 번개처럼 머릿속에 대책이 떠올랐다. 지류 코너에 벨을 달아 두고 고객이 벨을 누르면 잘 아는 직원이 신속히 가서 응대해 주는 시스템을 만들었다.

〈다다오피스 내 직원 요청벨〉

◆ 고민을 하면 길이 보인다.

포스 프로그램도 기존에 나왔던 걸 쓸 수도 있었지만 여러 가지 불편 사항이 나온 후 시정하는 것보다 우리에게 맞게 만드는 게 시간적 이득이라는 생각이 들었다. 이 분야로 사업을 시작하면서 초창기부터 불편했던 것들을 메모해 두었던 것을 정리하니 하나의 프로그램 개발이 되었다.

지류 구매 고객을 위한 바코드 제작이나 직원을 찾는 방법도 고객 입장에서 고민하니 답이 나왔다. 고민을 하지 않았다면 마트나 식당에서 해답이 보이지 않았을 것이다. 고민 속에 길이 보인다. 쓸데없는 고민들은 정신적 피폐를 가져오지만 효율적 방안에 대한 고민은 더 빠른 길을 찾을 수 있게 한다.

◆ 고객 입장이 되어 디자인해라.

앞서 얘기했지만 170cm 몽당연필도 초등학교 학생들에게 어필하고자 만들어 세웠다. 눈에 자주 띄어야 새 연필로 바꾸어 주는 걸 잊지 않게 된다. 그걸 각인시켜 주고자 매장에 비치했다.

다다오피스하면 떠오르는 독특한 이미지를 만들고 싶었다.

◆ 다양성

다다오피스에 가면 뭐든지 다 구할 수 있다. 없는 품목은 신속히 구해준다. 이렇게 제품 구비와 적극적 서비스로 다양성을 만들었다.

◆ 편리함

직원을 찾으러 다니지 않고 벨을 누르면 신속히 응대 직원이 온다.

◆ 싸고 좋은 제품

같은 제품도 착한 가격에 구입할 수 있다. 구매량에 따라 할인율이 높아진다. 그래서 다다오피스 단골 고객이 되었다는 말을 많이 들었다. 고객이 행복한 쇼핑을 할 수 있도록 머리를 열고 신속히 손, 발을 움직이는 서비스를 했다. 독창적 서비스를 이루려 한 건 고객이 행복하면 몇 배 아니, 몇 십 배 더 큰 행복이 다다오피스에 쌓인다는 걸 알기 때문이다.

07

거꾸로 된 이상한
조직도

우리 회사 조직도는 역 피라미드 조직이다. 다른 회사에는 사장이 제일 위에 이사 상무 이런 식으로 가지를 치며 넓어진다. 우리 회사 조직도는 직원이 제일 위에 있고, 사장이 제일 아래에 배치되어 있다.

나는 이것을 '그릇 이론'으로 설명한다.

직원이 있으면 직원을 관리하는 관리자는 직원을 담는 그릇이 된다. 부서장은 부서원을 담는 그릇이고, 사장은 부서장을 담는 그릇이 된다. 이런 식으로 내려가면 사장은 모든 것을 다 담는 그릇이 되어야 한다. 다 담으려고 하면 크고 넓고 가장 낮아야 한다. 그래서 나는 조직도 맨 아래를 자처했다. 관리자들 역시 직원들을 담으려면 직원보다 큰 그릇이 되어야 하고 직원을 섬기는 낮은 자세를 유지해야 한다.

피라미드 조직도는 사장이 꼭대기에 우뚝 선 느낌을 주지만 역피라미드 조직도는 아래에서 위를, 곧 직원들을 떠받들고 섬기고 있다는 느낌을 준다. 직원들은 고객과 직접 접촉을 하는 사람들이다. 직원들의 마음가짐이나 태도가 고객들에게 바로바로 전달되기 때문에 관리자들이 직원들을 지원하고 받쳐주지 않을 수 없다.

전쟁이 났는데 결정 권한이 없는 사병을 앞세워 놓고 알아서 싸워 이기라고 하면 어떻게 될까. 우왕좌왕하다 사병들은 억울한 죽음을 맞고 전쟁에서 패하고 말 것이다. 그런 상황에서는 결정 권한이 있는 지휘관이 제일 앞장서서 상황 판단을 하고 명령을 내려주어야 한다. 그래야 빠른 대처로 전쟁에서 승리할 수 있다. 우리 회사에서 제일 일을 많이 하는 직급은 대리이다. 대리는 최전방에 배치된 소대장이라고 보면 된다. 나는 대리들에게 늘 직원들에게 갑질하거나 함부로 대하지 말라고 당부한다. 직원들의 불편함이 없는지, 직원들이 필요한 것은 없는지 늘 파악해서 보고하라고 말한다. 그러다 보니 어떤 대리는 말단 직원에게 갑질 한번 해 봤으면 소원이 없겠다는 농담을 하기도 한다. 우리 회사에서는 대리가 그런 말을 하면 야단난다.

"대리님이 그러면 안 되죠."

직원들이 수시로 대리에게 대들고 요구한다. 하극상이라고 볼 수도 있겠으나 나는 이런 모습을 보면 그만큼 의사소통이 잘 되고 있다고 판단한다. 소통이 자유롭지 못하면 있을 수 없는 일이기 때문이다.

나는 우리 회사 해결사이다. 어떤 것이든 다 가지고 오라고 한다. 업무적으로 해결해 줄 것은 없는지, 직원들의 복지를 어떻게 할 것인지, 어떤 시스템이 불편한지를 들어주고 해결해 주려 한다. 그러다 보니 직원들은 나를 어렵게 대하지 않는다. 매장을 지나가는 나를 발견하면 "사장님, 배고파요. 맛있는 거 사 주세요."라며 스스럼없이 말한다. 사장이라고 나를 깍듯하게 대하는 것보다 언제든지 다가와 힘든 사실이나 어려움을 말해주는 것을 좋아한다. 직원들이 즐거워야 고객도 나도 즐겁기 때문이다.

고객 감동으로 서비스 차별화를 이루고 싶은 간절한 마음에 서비스 관련 책들을 많이 읽었었다. 서비스 신화로 유명한 노드스트롬의 경영 철학은 최고의 서비스(Exceptional Service)이다. 그걸 이루기 위해 구색(selection), 품질(Quality), 가치(Value)를 중시해 왔다. 철저하게 고객 입장에서 이루어지는 서비스 정착을 위해 직원들 교육은 물론이고 기업주와 관리자들의 의식 구조도 바꾸어 갔고 그것이 전통적으로 이어지고 있다. 그래서 서비스 신화의 불이 꺼지지 않는 것이다. 노드스트롬의 반품 정책은 하나의 광고처럼 인식되어지고 있다. 고객 입을 통해 나온 구전 광고, 그것만큼 큰 가치 있는 광고가 있을까. 광고비 투자도 없이 말이다. 반품 정책이 광고화가 될 수 있었던 건 직원들에게 서비스 권한이 부여되었기 때문에 가능했다.

노드스트롬의 규정 제1조:

어떠한 상황에서도 당신의 현명한 판단에 따라주십시오. 그 외에 다른 규정은 없습니다.

궁금한 사항이 있으면 언제라도 부서장, 점포장, 사업부책임자에게 자유롭게 질문해 주십시오.

이 규정은 서비스에 대한 상급자의 구속이 없다. 권한 부여를 해주는 것이다. 노드스트롬의 100% 반품 정책은 2% 비양심적인 고객 때문에 98%의 선량한 고객을 희생시켜서는 안 된다는 철학에서 나왔다고 한다. 비양심적 고객이라고 판단하지 말고 반품을 해주는 권한을 직원에게 부여하고 그것을 따르는 직원들의 서비스, 그것이 노드스트롬사의 반품 정책이 입소문을 타게 만들었고 되려 광고화시킨 셈이었다.

나 역시 직원을 두기 시작하면서 내 밑이 아닌 고객과 직원은 내위에 있다고 생각하며 사업을 진행해 왔다. 그래서 고객 감동, 내부고객 감동의 문화가 구축되었을지 모른다. 직원들이 가장 힘들어하며 회피하고 싶은 불만 고객 응대는 내가 직접 나서서 해결하려 노력해 왔다. 내가 싫으면 남도 싫은 법이다. 더군다나 사장인 나만큼 회사를 생각하는 사람이 있을까 하는 마음으로 어려운 해결사를 자처했다.

- 서비스하고 싶은 것이 있다면 마음 내키는 대로 해라. 보고는 나중에 해도 된다.
- 다다오피스에 몸담고 있다면 누구나 서비스맨이다.
  (관리자라고 뒷짐지지 말고 매장에 나가면 고객을 응대하는 자세를 가지라고 한다.)
- 사장은 여러분들의 해결사이고 싶다. 필요하면 언제든 불러 달라.

위의 말들을 직원이 들어오면 해준다. 직원을 부르는 사장이 아닌 직원이 부를 때 언제든지 달려갈 수 있는 사장이 되고 싶다. 위의 무게감이 클수록 제일 밑에 있는 내 어깨의 무게감은 올라간다는 걸 잘 알고 있다. 어쩌면 내, 외부 고객들을 위해서가 아닌 내 어깨가 가벼워지길 바라는 건 아닐까. 직원들이 행복해 마음이 가벼워진다면 내 마음은 새털같이 가벼워질 거라 믿는다.

08

실수는
시스템으로 막아라

어느 날 여직원이 숫자 하나를 잘못 입력해 문제가 발생했다. 그 여직원은 경위서를 썼을까? 우리 회사는 실수했다고 경위서부터 쓰라고 하지 않는다. 문제점을 파악하고 개선 방안을 만들어 시스템을 고쳤다.

사람은 누구나 실수할 수 있고 그 실수는 시스템으로 보완해 막으면 된다. 그 여직원의 실수 이후 우리는 직원끼리 입력한 내용을 매일 크로스 체크하게 했다. 내가 입력한 것을 옆 직원이 한 번 더 확인하도록 한 것이다. 서로 체크해서 사인을 주고받은 다음 철을 해놓으면 나중에 다시 관리자가 확인하는 방식으로 일을 진행했다.

근무 태만이 아닌 이상 업무적 실수로 경위서를 쓰는 경우는 없다. 술을 새벽까지 마시고 지각을 하면 그냥 넘어갈 수 없는 경위서 감이다. 흐트러진 정신에 경각심을 주기 위해서 경위서를 받기도 했다.

일을 가장 많이 하는 사람이 옷을 가장 많이 버리는 법이다. 업무가 많으면 실수도 많아지게 되는 법, 실수를 줄이도록 시스템을 정비해 가는 일이 가장 우선되어야 한다.

인터넷 쇼핑몰을 하면 택배 미발송이나 오발송 문제가 자주 발생한다. 오발송이나 미발송은 상담 업무를 늘리고, 재발송 비용 부담을 발생시키고 회사에 손해가 발생한다. 아무리 강조해도 잘 고쳐지지 않았다. 직원들에게 야단치기보다 시스템에 문제가 없는지 다시 점검했다. 한 사람이 물건을 챙기고 포장에 확인까지 하는 것이 문제였다. 한 사람이 다 하는 것보다 두 사람이 두 번 확인하면 실수를 줄일 수 있겠다는 생각이 들었다. 그래서 물건을 챙기는 사람, 확인해서 포장하는 사람을 따로 두어 포장하는 사람이 최종 한 번 더 확인하고 책임을 지게 했다. 최종 확인자는 회사에서 보관하는 송장에 자신의 이름이 새겨진 확인 도장을 찍도록 해 책임 소재를 분명히 했다. 그렇게 했는데도 오발송이나 미발송이 생겨 고객상담실로 클레임이 들어오면 그때는 최종 확인자에게 스티커를 붙이도록 했다. 오발송 스티커는 빨간색, 미발송 스티커는 파란색 이렇게 색깔별로 구분해서 붙이도록 했는데 스티커가 자꾸 쌓인다고 벌칙을 주거나 불이익을 주지는 않았다. 다만 스스로 보고 깨닫게 하려는 의도였다. 스티커 표는 전 사원에게 공개되니 누가 말하지 않아도 스스로 압박감을 느끼고 고치려 하기 때문이다.

봉덕동 매장에서 있었던 일이다. 조직은 갑자기 커지는데 출근 시간을 제대로 지키지 않아 고민이었다. 출근 시간에서 10분 20분 늦는 일은 예사였다. 매일 늦는 사람은 습관이 되어 아무리 말해도 고쳐지지 않았다. 그래서 나는 1분 늦을 때마다 백 원의 벌금을 부과하기로 했다. 백 원을 우습게 생각하고 자꾸 늦으니 10분이면 천 원, 20분이면 2천 원 이런 식으로 늘어나 한 달이면 몇 만 원이 되는 것이다. 나는 그렇게 모인 돈은 회식비로 사용하게 했다. 백 원이 아무것도 아닌 것 같아도 자꾸 넣다보면 돈이 문제가 아니라 스스로 창피하고 지각했다는 사실을 자각하게 된다. 그러면 굳이 얼굴 안 붉혀도 나쁜 습관이 고쳐진다. 지금은 단 한 명도 지각하지 않는다. 그래서 벌금 제도는 사라진 지 오래되었다.

한 번은 상습적으로 지각하는 직원에게 연말 종무식에서 '박카스 상'이라는 것을 주었다.

"당신은 항상 피로가 누적되어 지각을 자주하니 이것을 마시고 지각하지 말라고 이 상장을 수여합니다. 부상으로 박카스 한 박스를 드립니다."

직원들의 웃음으로 종무식이 웃음바다가 되었다. 상을 받은 사람은 경각심을 가졌는지 지각수가 줄어들게 되었다. 돌직구로 야단을 치기보다 우회적으로 문제점을 알려 주는 게 효과적이라고 생각한다. 무안을 주게 되면 감정이 쌓이게 되고 관계도 서먹해질 수밖에 없다.

사고와 처신에도 시스템이 있다고 생각한다. 업무적 차질이 없게 하는 시스템이 필요하듯 사람 관계에도 감정의 차질을 빚지 않게 하는 소통의 시스템이 필요하다. 원활한 소통이 되면 능률도 올라가고 애사심도 생기게 된다.

한두 번의 실수는 누구나 할 수 있다. 하지만 같은 실수를 반복하는 건 문제가 심각한 것이다. 왜 실수를 했는지, 어떻게 하면 실수를 줄일지, 똑같은 실수를 반복하지 않는 방법은 무엇인지를 고민하며 정확한 문제 진단을 해 보자. 그렇다면 똑같은 실수를 되풀이하면서 받는 시간과 마음의 상처를 줄일 수 있을 것이다.

09

특별명령
'매대를 높여라!'

다다오피스의 연매출은 백억 원쯤 된다. 이마트나 홈플러스와 같은 대형유통 업체를 제외한 유통 업체에서 연매출 백억 원이면 높은 편이다. 이러한 매출은 아무도 시도하지 않았던 것을 최초로 시도했고, 그것을 고객 감동으로 이어갔기에 가능했다.

남들이 하는 것을 따라하면 1등을 할 수 없다. 우리 매장 곳곳에는 전국 최초 개념이 많은데 그 중의 하나가 진열장, 즉 매대를 높인 것이다.

일반 문구점 판매 진열장 높이는 보통 150cm다. 우리 매장은 210cm로 다른 데 보다 60cm가 더 높다. 벽 쪽은 20cm가 더 높은 230cm다. 100평 규모의 매장이라고 한다면 진열장을 높임으로써

〈매장 내 높은 매대〉

150평 이상의 효과를 누릴 수 있다.

　100평 매장에 다른 매장처럼 진열장 높이가 150cm이면 매장 위쪽이 뻥 뚫려 보기도 좋고, 도난방지에도 효과적이기는 하지만 물건을 많이 진열할 수 없고, 진열장 간의 폭도 좁아져 고객들끼리 바구니를 부딪치는 등 쇼핑에 불편함이 있다. 또한 진열장 간 폭이 좁으니 상품 바로 앞에서 물건을 보게 되어 소비자의 시야가 좁아진다. 곧 고객들이 상품을 모두 볼 수 없게 되어 구매에도 나쁘다.

　우리는 진열장을 210cm로 높이고 통로를 넓혔다. 다른 데와 달리 대형마트처럼 카트를 사용하기 때문인데, 라인 사이를 넓게 해 두 대의 카트가 교행될 수 있도록 했다. 동종 업계에서 바구니가 아닌 대형마트처럼 카트를 사용한 것도 전국 최초일 것이다.

　사무실 고객들은 밀대부터 파일 케이스, 화장지, 종이컵, 대용량

〈매장에서 사용하는 카트〉

커피와 같이 부피가 큰 제품들을 구매하기 때문에 우리 매장에서는 바구니에 담을 수 없어 카트를 제공함으로써 대형마트처럼 편하게 물건을 구매할 수 있도록 했다. 거기다 진열장의 높이가 높고 진열장 간의 넓이가 넓어 고객의 시야를 많이 확보할 수 있어 보다 많은 상품을 효과적으로 노출시킬 수 있다. 이것은 매출로도 이어진다. 고객의 시야 확보와 매출 두 마리 토끼를 다 잡은 셈이다.

매대를 높이는 아이디어는 크리스 앤더슨의 '롱테일 법칙'이라는 책에서 얻었다. 한국말로 풀이하면 '긴 꼬리 법칙'인데, 앤더슨의 주장에 따르면 많이 판매되는 상품 순으로 그래프를 그리면 적게 팔리는 상품들의 그래프 높이는 낮지만 긴 꼬리처럼 길게 이어진다고 한다. 이 긴 꼬리에 해당하는 상품의 매출을 모두 합치면 많이 팔리는 상품을 넘어선다는 뜻에서 '롱테일 법칙'이라고 이름 지었는데, 매출의 80%는 20%의 주력상품에서 나온다는 파레토의 80:20의 법칙과는 완전히 반대되는 이론이다. 파레토의 법칙을 따르면 잘 팔리는 상품 20%에 주력하는 것이 맞지만, '롱테일의 법칙'에 따르면 많이 팔리지는 않지만 틈새 상품들, 개별 상품들을 골고루 많이 갖춤으로써 히트 상품 못지않은 매출을 올릴 수 있다고 했다.

책에서 읽은 내용을 떠올리고 아이디어를 내 과감히 매대를 높였다. 직원들은 진열장을 높이면 사람이 잘 보이지 않아 도난의 위험이 많고 보기에도 답답할 것이라며 말렸지만 난 고객 입장에서 생각했다. 그래서 밀어붙였다. 예상대로 매출 증대라는 답이 왔다.

진열장 배열도 바꾸었다. 계산대에서 보았을 때 세로배열을 했더니 중앙통로를 타고 들어가면 앞부분은 잘 보이는데 진열장 너머 뒷부분이 안 보이는 단점이 있었다. 계산대에 섰을 때 중앙통로를 사이에 두고 양쪽으로 가로배열해 보니, 중앙통로로 지나가면서 고개만 돌려도 양쪽 모든 통로가 눈에 들어오고 통로 사이에 어떤 물건이 있는지 한눈에 들어왔다. 그렇게 진열 방식을 바꾸니 매장 평수는 같은데 객단가가 3천 원이나 높아졌다. 객단가 3천 원이면 하루 천 명의 손님이 온다고 가정했을 때 하루 3백만 원, 한 달이면 9천만 원의 매출 차이가 나는 것이다.

고정관념에 얽매이지 마라. 문구점 매대 높이는 150cm로 정해진 것이 아니다. 한두 곳이 그렇게 하다 보니 불문율처럼 자리 잡은 것

뿐이다. 새로운 것을 먼저 시도해 보는 걸 두려워하지 마라. 해 보지도 않고 안 된다는 생각이 가장 큰 적이다. 고객 입장에서 보면 단점들이 보인다. 그 단점들을 그냥 지나치려 하면 쌓이는 건 고객 불편과 불만이다. 그것이 무엇으로 돌아오는지는 뻔하다.

10

다르게 보면
제대로 보인다

남이 하는 대로 모방만 했다면 차별화를 이루지 못하고 여기까
지 오지 못했을 가능성이 크다. 늘 하던 대로 하고, 남들이 하는 것
을 따라 하고, 변화되는 것을 귀찮아했다면 아직도 조그만 매장에
서 복사용지를 배달하며 살고 있을 확률이 높다. 생각이 그러하면
늘 그 수준에 머무르고 만다. 남들이 다 맞다고 해도, 남들이 다 틀
렸다고 해도 정말 맞는지 틀렸는지 한번쯤 의심해 보라. 어쩌면 거
기에 생각하지 못한 성공의 열쇠가 숨어 있을지 모른다.

매장을 낼 때의 일이다. 처음 봉덕동에 매장을 낼 때 소위 문구업
계의 전문가라는 사람들은 모두 하나같이 그 자리를 반대했다. 가

게 앞에 인도가 없어 걸어 다니는 사람이 없었다.

"사무실이 어디 있노? 유동인구가 어디 있노?"

하지만 난 차량이 많이 지나다니는 것을 보았다.

"차 안에는 분명 사람이 타고 있지 않느냐? 그 사람은 사람이 아니냐?"

차를 타고 다니면서 분명 매장을 보게 될 것이고, 그것이 곧 홍보라고 생각했다. 사람들은 그런 나를 반신반의하며 걱정했다. 하지만 매장을 시작한 후 내 예상이 맞았다는 것을 확인시켰다. 거기서 매장 오픈 후 1년 정도 지나자 한 달에 5~6백만 원의 순수익이 올랐다.

다다오피스 북구 침산동 본점 매장도 마찬가지이다. 여기는 공장지대여서 지나다니는 사람이 많지 않았다. 업계 사람들은 유동인구가 없다고 매장 짓는 것을 반대했지만 나는 걸어 다니는 사람만 유동인구로 보지 않았다. 내가 본 것은 차량 이동량이었다. 우리 매장은 소량 구매자가 타깃이 아니라 사무실이 타깃이기 때문에 물건만 싸고 좋으면 차를 타고 올 것이라 생각했다. 대형마트 개념으로 생각한 것이다. 차를 대기 쉽게 하고 차량 소통이 잘 되는 곳이면 아무리 외곽에 있어도 찾아올 것이라는 믿음이 있었다. 그래서 건물을 지을 때도 유동 인구보다 주차 공간 확보를 먼저 생각했다. 바로 들어와 주차를 할 수 있도록 건물 앞쪽으로 주차장을 배치했다. 대부분 건물이 잘 보이도록 건물은 앞쪽에 주차장은 뒤쪽으로 배치하지만 그렇게 하면 주차가 불편해지고, 주차가 불편하면 담배 한 갑

사고 싶어도 망설여지게 된다. 주차장을 전면 배치하면 잠시 들어와 간단한 물건만 사고 금방 빠질 수 있기 때문에 고객들에게 편리하다.

거기다 사무실 직원들은 필요한 물건 목록을 적어서 오는 경우가 많다. 일반 마트처럼 충동구매가 아니라 목적구매를 하기 때문에 목적만 해소되면 바로 빠진다. 그렇기 때문에 더더욱 주차 공간의 편리성이 강조돼야 했다.

달서구 유천동 다다오피스 매장도 유동 인구가 없는 곳이다. 대신 동시 주차 500대를 할 수 있는 넓고 편리한 주차 공간 때문에 매장 입지를 결정했다. 걸어 다니는 사람들은 대부분 개인 고객이기 때문에 객단가가 낮을 수밖에 없지만 차를 가지고 쇼핑하러 오는 사무실 사람들은 기업체 고객이기 때문에 객단가가 높을 수밖에 없다. 사람들이 반대해도 나는 그것을 보고 매장을 오픈했고, 내 예상대로 유천동 매장도 매출이 빠른 속도로 증가하고 있다.

많은 사람들이 반대했지만 나는 다른 것을 보았고, 다르게 생각했다. 그때 사람들의 말을 들었다면 이런 결과도 없었을 것이다.

북구 침산동 다다오피스 건물을 지을 때 매대 높이도 직원들과 설전을 벌였다. '많이 노출되는 만큼 많이 팔린다.'는 신념으로 나는 매대를 높일 것을 주장했지만, 직원들은 "옆에 사람이 안 보일 정도로 꽉 막힌다. 다른 문구점에 가 봐라. 다 150cm다."라는 논리로 나를 설득하려 했다.

"매대가 낮으면 보기 좋다. 근데 매출이 늘어나느냐?"

내 말에 직원들이 반박하지 못했다.

"나를 설득시킬 자료를 가지고 와라. 내 논리를 반박할 자료를 들이대라. 그러면 내가 포기하겠다."

반박 자료를 가져오는 직원도 없었다.

대안 없이 무조건 반대하는 것은 설득력이 없다. 나는 격론 끝에 나의 뜻을 관철시켰다. 매대도 높이고 천정도 높였다. 결과는 내 생각대로였다.

사람들은 안 되는 점만 보고 반대한다. 하지만 나는 되는 점을 보고 추진한다. 사람들이 못 보는 부분을 볼 수 있어야 그곳에 사업의 기회가 있다.

'성공하는 사람의 7가지 습관'의 저자 스티븐 코비는 '운명을 바꾸고 싶다면 생각을 바꿔라'라고 말했다. 생각을 바꾸면 새로운 것들이 보이기 시작한다. 그것에 새로운 운명이 감추어져 있을 수 있다. 바꾸겠다는 의지보다 실천이 더 중요하다. 의지가 있어도 실천하지 않으면 자신의 것이 될 수 없는 것이다.

11

강철 멘탈로
영업하다

무엇보다 일이 즐거웠다. 혼자 배달할 때도 8시면 출근한다. 주문이 들어오면 나가도 되지만 나의 출근 시간은 늘 8시였다. 아침 8시에 영업을 나가는 날, 영업할 사무실들이 9시에 문을 열면 애가 탔다. 빨리 전단지 돌리고 영업을 뛰어야 하는데 문을 너무 늦게 열었기 때문이다. 사람은 만나고 싶어 죽겠는데 문을 안 열면 그 시간이 얼마나 아깝던지. 문이 열릴 때까지 그날 하루 배달 코스를 정해 보면서 시간을 보냈다.

그때는 하루하루가 기대가 되었다. 거래처가 계속 늘어가니 오늘은 또 어떤 사람을 만나고 어디를 영업할까? 오늘은 몇 군데에서 전화가 올까? 오늘 매출은 얼마나 될까? 하는 생각에 힘든 것도 전혀 몰랐다.

한 사무실에 배달을 가면 나는 그 사무실만 보고 가는 것이 아니라 주변 사무실에 들러 인사도 하고 전단지도 돌리고 우편함에도 전단지를 꽂아 놓고 온다. 배달 따로 영업 따로 하는 것보다 훨씬 효율적이었다. 그러니 한군데 배달을 가면 시간이 많이 걸렸다. 그래서 항상 뛰어다녔는데, 복사용지를 들고 계단을 아래위로 뛰어다니는 일은 나의 일상이었다.

갈 때마다 전단지를 돌리고 인사를 하니 처음에는 "저 사람이 뭐 하는 사람인가?" 했지만 점점 얼굴이 익혀지면서 주문으로 이어졌다. 복사용지는 소모품이니 주기적으로 방문해 영업하는 것이 거래처 확보에 도움이 되었다. 그런 식으로 한 건물 전체를 거래처로 만든 적도 있다. 거래처가 점점 늘어날 때마다 얼마나 재미있는지 그럴수록 영업을 더 적극적으로 했다. 주문이 없으면 영업하고, 오늘은 여기까지 영업했으면 내일은 저기까지 하고 이런 식으로 스스로 계획을 세워 실행했다.

사무실에 가면 사람들이 왜 왔냐며 거부하고 귀찮아해도 그런 것은 크게 신경 쓰지 않았다. 내 할 일을 하는 것뿐, 내가 영업할 자유가 있는 것처럼 그 사람들도 거부할 자유가 있다고 그렇게 받아들였다. 그 사람들이 거부하는 것은 복사용지가 필요 없기 때문이지 내 인격을 거부하는 것이 아니다. 너무 깊이 받아들여서 상처받을 이유가 없다. 내 할 바만 하고 결과는 하늘에 맡기면 된다. 다양한 사람을 만나 영업해야 하는 사람이 이런 거 저런 거 다 생각하면 영업을 못한다.

나는 상처를 잘 받지 않는다. 아내는 나를 보고 '강철 멘탈'이라고 한다. 종교단체에서 둘이서 나왔을 때 아내는 종교적 신념이 한꺼번에 무너져 심한 우울증을 겪었고, 심지어는 내일이 오는 것이 싫을 정도로 낙심한 상태였지만, 나는 그렇지 않았다. 지나간 것은 이미 지나간 것이기 때문에 거기에 연연하지 않았다. 무엇보다 새로운 일을 시작했기 때문에 일이 즐겁고, 하루하루 노력한 만큼 결과가 돌아온다는 것이 그저 신기하고 놀라울 따름이었다. 아내는 하루하루 기대에 찬 나를 보고 생각을 바꾸게 되었다고 한다. 아내를 좌절감에서 벗어나게 한 것은 나의 긍정적인 삶의 자세였다. 아내는 물질적으로 나는 정신적으로 서로서로 도움을 준 셈이다.

페카옥션이라는 쇼핑몰을 할 때, 거래처와 문제가 생긴 적이 있었다. 그 거래처에서 나를 비난하는 글을 올렸다. 노숙자에서 이만큼 성장하기까지 왜 주위의 시기와 비난, 질투가 없었겠나. 하지만 나는 거기에 크게 신경 쓰지 않았다. 왜냐하면 글을 읽어보니 내가 그런 욕을 들을 이유를 찾을 수가 없었다. 그래서 나는 그렇게 썼다.
"당신이 욕한 사람은 당신이 만들어낸 사람입니다. 나는 그런 사람이 아니기 때문에 그런 욕을 들을 이유가 없습니다. 그러니 욕을 다시 돌려드리겠습니다."

　그리고 나는 잊어버렸다. 욕을 한다고 변명하고 따지고 같이 흥
분하면 욕을 한 사람과 함께 진흙탕 속에 빠지는 것이나 마찬가지
다. 욕을 하는 사람의 생각까지 내가 좌지우지할 수 없다. 내 행동이
떳떳하다면 남들의 비난에 크게 영향받을 필요가 없다.

　사람이 화가 나는 이유는 그 사람을 이해하지 못하기 때문인 경
우가 많다. 아무리 살인자라도 그 사람이 살아온 환경이나 그럴 수
밖에 없었던 사건들을 알게 되면 측은한 마음이 생길 수도 있다. 상
대방의 입장에 서보면 이해할 수 있는 부분이 생기고, 그러면 화가
나더라도 참을 수 있게 된다. 내 사업도 급속도로 발전한 경우라 주
위의 시기와 질투가 제법 많았다.

　로켓은 쏘아올릴 때 끌어당기는 중력 때문에 대부분의 에너지를
대기권 안에서 다 쏟아붓는다. 대기권 밖을 벗어나 버리면 중력이
작용을 못한다. 그처럼 사업을 시작하면 잘 되면 잘 되는 대로 부정
적인 시각으로 나를 끌어내리려는 사람들이 있게 마련이다. 그것을
박차고 나가 버려야지 로켓이 대기권을 벗어나 우주로 날아가듯 내
사업도 더 크게 발전할 수 있는 것이다. 이제는 내 사업체가 어느 정
도 커지니까 지금은 공격해오지 않는다. 내가 자기들 상대가 아니
라는 것을 알았기 때문이다.

창조적인
회사만이
살아남는다

스스로 졌다고 생각하면, 진다.

스스로 용기가 없다고 생각하면, 비겁해진다.

이기고 싶지만 이길 수 없다고 생각하면,

이기지 못할 것이 거의 확실하다.

질 거라고 생각하면, 진다.

세상으로 나가면 성공은 의지에서부터

시작된다는 것을 알게 될 것이다.

모든 것은 마음에 달려 있다.

스스로 남들보다 뛰어나다고 생각하면, 남을 앞설 수 있다.

올라야 할 높은 고지를 생각하면 미처 자신이

깨닫기도 전에 이미 그 고지에 도달해 있을 것이다.

인생이란 전쟁은 언제나 더 강하고

더 빠른 사람이 이기는 것만은 아니다.

정말로 승리하는 사람은 스스로 할 수 있다고

생각하는 사람이다.

— 작가 미상의 시

01

앉아서 보고하고
서서 보고를 받다

침산동 다다오피스 회의실에는 동그란 원탁이 있다. 그 원탁
에는 '평등'이라는 큰 의미가 있다. 어디를 앉아도 똑같은 거리를 유
지하고, 어디가 상석이고 어디가 말석인지 구분이 없어 내 경영 철
학이 투영되어 있는 물건이다. 회사 일을 논의할 때만큼은 평등해
야 한다. 평등한 자격으로 회의에 참석하고 누구든지 편하게 발언
할 수 있어야 한다. 내 철학을 담아 원탁을 놓았다.

보통 회사에 가면 직사각형 모양의 테이블에 둘러 앉아 회의를
한다. 상석에 사장이 앉고 상무, 이사 이런 식으로 서열에 맞게 자리
가 정해져 있다. 서열이 낮은 직원은 제일 끝에 앉아서 회의에 참석

〈직원들이 회의하는 '평등' 원탁〉

한다. 그렇게 상하 구분이 분명한 자리에서 설령 말단 직원이 발언 기회를 얻었다 한들 제대로 의사표현을 할 수 있을까? 말단 직원의 생각까지 충분히 이끌어내지 못하게 된다. 오히려 긴장해서 하려고 했던 말도 잊어버리게 될 가능성이 더 크다.

나는 권위적이며 경직된 회사 분위기를 만들고 싶지 않다. 원탁에 앉아 회의를 하는 순간만큼은 평등하게 모두에게 기회를 주고 싶었다. 열정이 있는 사람에게는 열정을 표출할 방법과 기회를 주어야 한다. 그 방법 중의 하나가 바로 '원탁'이다.

틀에 갇혀 버리면 생각이 굳어 버린다. 너는 사장, 나는 직원 이런 식으로 형식에 가둬놓으면 사고가 유연해질 수 없다. 회사를 살리는 일에 사장 따로 사원 따로가 있겠는가? 그래서 나는 권위를 잘 내세우지 않는다. 권위는 내가 세우는 것이 아니라 아랫사람이 스스로 세워 주어야 진정한 권위가 된다는 생각이다.

보고를 받을 때도 나는 종종 직원을 찾아간다. 바쁘게 일하는 직원 불러서 굳이 보고를 들을 필요가 없다. 한가한 내가 가서 물어보면 된다. 그러다 보면 가끔 이상한 광경이 벌어지기도 한다. 사장은 서서 보고를 받고 직원은 앉아서 보고를 하는 모습이다. 거기다 내가 키가 크니 앉아 있는 직원은 올려다보느라 잔뜩 몸을 뒤로 제쳐야 하고, 나는 직원의 컴퓨터 모니터를 쳐다보고 귀를 기울여 듣느라 몸을 앞으로 잔뜩 숙인다. 거래처 사장님이 이런 광경을 보고 내가 마치 어린 선배에게 일을 배우고 있는 마흔 넘은 신입 사원처럼 보인다며 농담을 한 적도 있었다. 일반 사람이 이 광경을 본다면 누가 사장이고 누가 직원인지 헷갈릴 수도 있다.

누가 서고 누가 앉았는지가 중요할까? 중요한 포인트는 서로 대화를 한다는 사실이다. 형식을 차려서 하는 것만이 보고는 아니지 않는가. 앉은 자리에서 얘기할 수밖에 없는 상황이면 그렇게 보고하는 것이 맞다. 길에 서서도 할 수 있고, 자판기 앞에서 커피를 마시면서도 보고는 할 수 있는 것이다.

이렇게 자유로운 분위기를 만들어 주어야 사원들의 아이디어가 샘솟는다. 나는 이런 분위기를 만들어 주는 사람이다. 직원들이 자유롭게 열정을 토로할 수 있도록 하고, 맘껏 꿈을 펼치도록 이끌어 주는 것이 나의 역할이다.

그래서 우리 회사 직원들의 표정이 대체적으로 밝고 긍정적이다. 표정이 밝은 사람에게는 뭔가 끌리는 데가 있다. 그런 밝은 에너지는 회사 분위기 전체를 밝게 변화시키고, 나아가서는 고객들에게도 고스란히 전달된다. 환하게 웃는 직원들 때문에 나도 늘 웃는다.

강요된 친절은 업무용 스트레스로 번지게 만든다. 그런데도 많은 사장, 관리자들은 고객을 직접 대하는 직원들에게 마치 업무적 지시처럼 친절을 강요한다. 나는 사장이라면 친절한 분위기를 만드는 게 우선이라 생각했다. 소통이 잘 되고 권위가 없는 회사 분위기, 이런 분위기에서는 요구하지 않아도 자연스런 친절이 나올 수밖에 없다. 그걸 만들어 가는 게 나의 가장 큰 역할이라 생각한다. 오늘도 내 역할을 위해 직원들에게 먼저 밝은 웃음으로 인사를 건넨다. 내 모습이 직원들의 마음을 조금 더 따뜻하게 하고 피로감을 날려 보내길 바라는 마음으로 최선을 다하려 한다.

02

사장의 부탁
"제발 좀 쉬어라!"

우리 회사는 다른 곳과 달리 점심시간 외에 따로 오침 시간이 있다. 부서마다 차이가 있지만 30분 정도이다. 상담실의 경우는 50분 일하고 15분씩 쉬게 한다. 아무리 성능 좋은 기계라도 하루 종일 가동시키면 과부하에 걸려 고장 나기 마련이다. 사람도 마찬가지이다. 쉴 때는 쉬어야 업무 효율이 오른다. 쉬는 시간을 주고는 언제 쉴지는 자율에 맡겼다. 회사에는 휴게실이 있어 4~5명이 돌아가면서 늘 쉬고 있다.

처음 쉬는 시간을 주었을 때는 웃지 못 할 일도 많았다. 열심히 일을 하다가 쉬러 가려니 '쉬어도 되나?' 의아해하며 쉬는 것을 이

상하게 생각했다. 관리자에게 쉬는 시간 일정을 짜보라 지시했더니 처음에는 이해를 못해서 서로 눈치만 보면서 잘 지켜지지 않았다. 그래서 내가 회의 시간에 과장을 불러 "왜 직원들의 쉬는 시간을 안 지켜 주느냐?"고 질책을 했다.

"쉬는 시간이 되면 지목해서 강제로라도 쉬게 해라."고 지시했다. 쉬어야 할지 말아야 할지 엉거주춤 눈치만 보면 일도 제대로 안 되고 쉬는 것도 안 된다. 그래서 처음에는 몇 번이나 쉬는 시간문제로 얘기를 많이 했었다. 그때는 반신반의하며 못 가더니 이제는 당연하게 쉬는 시간을 즐기러 나간다.

한 번은 내가 휴게실이 깜깜해서 아무 생각 없이 불을 켰다. 그랬더니 잠을 자던 직원들이 일어났다. 오침을 즐기고 있는데 내가 깨운 결과가 된 셈이다. 나는 미안하다고 사과하고 다시 불을 꺼주었다. 그 일 이후 사장이 불을 끄면서 미안하다고 하니까 너무 이상했다고 한다. '도대체 일은 제대로 하고 쉬는 건가?'라는 눈빛으로 직원을 볼 줄 알았는데, 오히려 불 켠 것을 너무 미안해하니까 의아했다고 한다.

이사로 일하고 있는 아내도 직원들의 휴게 시간만큼은 철저히 지키려고 한다. 어느 날은 팀장에게 볼일이 생겨 팀장을 찾았는데 휴게실에 있다는 답변이 돌아오자 아내는 팀장의 휴식 시간이 끝날 때까지 기다렸다. 정말 촌각을 다투는 일이 아니면 휴게실에 쉬고 있는 사람한테까지 굳이 일을 시키지 않는 것이 우리 회사의 방침이다.

회식 분위기도 우리 회사는 좀 다르다. 다른 회사에서는 아랫사람이 윗사람의 비위를 맞추지만 우리 회사는 그 반대다. 직원들의 기분을 돋우기 위해 대리, 과장이 일어나서 우스갯소리도 하고 춤도 추고 돌아다니며 술잔도 돌린다.

나 역시 마찬가지이다. 어떻게 하면 회식 분위기를 띄워서 즐겁게 마무리할까 의무감을 갖고 회식에 참석한다. 분위기가 무르익으면 여기저기 잠깐씩 앉아서 직원들과 술잔도 주거니 받거니 해야 하고, 직원들 사이로 돌아다니며 이야기를 듣느라 정말 바쁘다. 나는 노는 것도 잘한다. 분위기가 처지는 것을 못 보는 성격이라 회식을 하면 내가 제일 시끄럽게 떠들며 논다.

회식 날짜나 장소, 메뉴도 위에서 정해서 공고하는 것이 아닌 직원들에게 먼저 가능한 날짜를 물어보고 장소도 직원들의 추천을 받아서 정한다. 여직원들 중에는 술 먹고 노는 회식보다 외곽의 분위기 좋은 곳에서 고급스러운 음식을 먹거나 차를 마시기를 원하는 경우도 있는데, 그러면 따로 그렇게 자리를 마련해 회포를 풀게 한다. 그랬더니 한 번은 여직원들끼리 모여앉아 회의를 해서는 건의사항을 적어온 적도 있었다. 회식하라고 했더니 회의를 했다고 핀잔 아닌 핀잔을 했더니 카페 벽에 마침 화이트보드가 있어서 그랬노라고 핑계를 댔다. 나는 그렇게 적어온 건의사항을 다른 부서와 의논했고, 의논한 결과를 직원들에게 피드백해 주었다. 요구사항에는 해결해 줄 수 있는 부분이 있고 해결해 줄 수 없는 부분이 있지만 해결해 줄 수 없는 부분에 대해서는 그렇게 하지 못하는 사정을 이야기하고 양해를 구하거나 다음으로 미뤄두기도 한다.

직원들은 자신들의 요구가 받아들여지느냐 마느냐보다 자유롭게 요구할 수 있는 언로를 열어준 것에 대해 소통의 통쾌함을 느낀다고 한다. 자신이 이야기한 것이 시스템에 반영되고, 사장도 열심히 들어주니 오히려 애사심과 일에 대한 의욕이 생긴다는 것이다.

아내는 회사의 이사로서 이곳저곳을 다니며 직원들의 복지를 늘 살핀다. 휴게실에 안마기를 들여놓고, 얇은 담요를 갖다 놓아주고, 필요한 물품은 없는지, 화장실에 온수가 제대로 나오는지, 휴게실에 냉온풍기가 잘 돌아가는지 등을 항상 살피고 조금의 문제라도 있으면 즉시 고치게 조치한다. 이런 사소한 부분에서 직원들에게 스트레스받게 할 이유가 없기 때문이다.

나는 늘 직장에서 업무적인 것 외에 스트레스를 받게 하지 말라고 강조한다. 사람들이 모이면 서로 사이가 좋으면 더할 나위 없지만 뒤담화하고 패를 나누면 회사 분위기도 엉망이 되고 애사심을 갖기 어렵다. 인간적인 문제로 스트레스받지 않도록 하자는 것이 내가 늘 강조하는 부분이다. 겪어보니 다행히 우리 회사 직원들은 모두 심성이 착하다. 이기적인 행동을 하는 직원이 없고 잘 어우러져 지낸다. 다 내 복이 아닌가 싶다. 그 복덩이들을 위해 내가 또 무엇을 해야 하는지 늘 머리를 열고 있다.

03

능력 없는 사람이
야근한다

하나둘 뽑기 시작한 직원이 오프라인매장과 잉크토너공장, 영업부, 인터넷 쇼핑몰 사업부, 사무실 직원해서 70명에 이른다. 처음엔 혼자 1인 3역을 했지만 이제는 70명의 생계를 책임져야 하는 자리가 되었다. 직원수가 느는 만큼 내 책임도 무거워졌다. 문제가 생기지 않게 어떻게 직원들을 잘 이끌어 가야 할지, 어떤 사람을 채용해야 할지, 어떻게 직원 개개인의 발전도 함께 도모할 것인지 등을 고민하게 된다.

우리나라 1, 2위를 다투는 대기업에서 면접 장소에 사주 관상가를 대동했다는 얘기를 들은 적이 있다. 이유를 알 것 같다. 관상을 보면 그 사람의 살아온 흔적을 어느 정도 느낄 수 있다. 그래서 사주, 관상, 손금을 직접 공부하게 되었고 지금은 거의 전문가 수준이라고 해도 될 정도이다.

　나는 사람을 뽑을 때 인성을 우선적으로 본다. 회사에 들어와서 융화가 잘 되는 사람인지를 살핀다. 능력도 중요하지만 사실 능력은 회사에 들어와서 일을 반복하다 보면 큰 차이가 나지 않는다. 똑똑하다고 회사에 들어와서 잘난 체하거나 분위기를 흐리는 사람, 자기밖에 모르는 사람, 시키면 시키는 일만 하는 사람, 말만 앞세우고 행동은 뒤따르지 않는 사람은 내가 경계하는 직원이다. 하지만 나는 단 한 번도 직원이 마음에 들지 않는다고 감정적으로 해고한 적이 없다. 그런 사람들은 조직 내에서도 환영받지 못하기 때문에 스스로 나가는 경우가 많았다. 그렇게 시간이 흐르니 내 경영 방침을 이해하고 따라주는 사람들이 남아서 회사 분위기를 이끌게 되었다.

　회사의 분위기는 대부분 사장의 마인드에 의해 좌우되는 경우가 많다. 내가 권위의식을 갖지 않으니 직원들도 그런 사람을 뽑게 되고, 회사의 분위기도 그렇게 흘러가고 있다. 나는 한 번도 나를 갑이라고 생각해 본 적이 없다. 직원들이 마음에 안 든다고 나가버리면 내가 고생하게 되는데 어떻게 직원들에게 갑질을 할 수 있겠는가. 회사에 들어오면 하나의 공동체가 되는 것이므로 나는 사장으로서 그들을 다 담아내어야 한다고 생각한다.

　"네가 얼마나 낮아질 수 있느냐가 네가 얼마나 높아질 수 있느냐를 결정한다."는 말을 관리자급 직원들에게 자주 한다. 나 또한 그 관리자급 직원들보다 더 낮아질 수 있어야 한다. 사장은 가장 큰 그릇이 되어야 하고 다 담을 수 있어야 한다. 다 담으려면 가장 낮아져야 하는 것은 당연한 것이다. 사람들을 이끌어가기 위해서는 위에 우뚝 서려고 하기보다 누구보다도 겸손한 자세를 유지해야 한다.

우리 회사는 야근이 없다. 모든 직장인들이 꿈꾸는 게 야근 없는 직장이 아닐까 생각하는데 우리 회사가 바로 그런 곳이다. 나는 남아서 일하는 직원을 오히려 능력 없는 사람으로 본다. "야근하지 말고 낮 시간 동안 열심히 일하고 '땡'하면 퇴근하라!"

야근한다고 남아 있으면 나는 전기세 나간다는 핑계로 불을 꺼 버린다.

대구 봉덕동에서의 일이다. 직원들이 야근한다고 남아 있기에 내가 위층에서부터 불을 끄면서 내려온 적이 있다.

"6시가 되었는데 왜 퇴근을 안 해? 일 못하는 놈이 앉아서 늦게까지 있는 거다. 불 꺼야 되니까 얼른 나가라!"고 했다.

직원들은 '이런 회사 처음 봤다.'고 했을 것이다.

일의 효율성을 높여라! 시간만 길게 끈다고 일을 잘 하는 것이 아니다. 정해진 시간 안에 어떻게 하면 일을 완수할 수 있을지를 생각하라. 그리고 당당히 퇴근하라. 내가 원하는 것은 바로 그것이다. 일찍 퇴근해서 가족들이나 친구들과 즐거운 시간도 보내야 하지 않겠는가. 인생은 일하고 월급만 받는다고 행복한 것이 아니다. 행복은 만들어가야 한다. 그중에 시간도 중요한 것 가운데 하나다. 필요한 사람은 공부도 해야 할 것이고 자기계발도 해야 될 것 아닌가. 그렇지만 정말 부득이하게 야근이 필요할 때도 있다. 그럴 때는 야근이 필요한 이유를 분명하게 설명하고 반드시 야근 비를 챙겨준다.

우리 회사의 특이한 점은 퇴사했다가 다시 들어온 직원들이 많다는 사실이다. 월급을 많이 준다는 조건 때문에 나갔다가, 막상 나가 보면 말과 다르다는 것을 확인하고는 다시 돌아오는 회귀형이다. 월급은 많이 주는 데 쉬는 시간이 없고 업무시간은 길어 일하는 시간 대비 월급이 많은 것이 아님을 깨달았다고 했다. 빈자리만 있으면 나는 그런 직원을 기꺼이 받아들인다. 우리 회사에서 열심히 일한 걸 인정해 주며 기분 좋게 보내 주다 보니 다시 올 생각을 하게되었기 때문이다. 이런 직원이 10명이 넘는다. 다시 돌아오는 직원들은 미안한 마음에 더 열심히 일한다.

나는 사람을 키우기 위해 직원이 둘만 되어도 팀장을 세운다. 어떤 문제가 생기면 사장이 바로 말단 직원들한테 지시하기보다 항상 관리자를 통해 전달되게 한다. 그런 전달체계를 무너뜨리고 직원이 적다고 해서 사장이 직원에게 직접적으로 지시하면 회사 분위기가 바로 경직되어 버린다. 전달체계에 있어서만큼은 위아래를 지켜야 한다. 사람을 키우기 위해서는 믿고 맡겨야 하고 또한 믿고 맡겼으면 의심하지 말아야 한다.

"네가 사장이라고 생각하고 네 마음에 맞는 사람을 뽑아라."

직원을 채용하는 과정에서도 이제는 팀장에게 전적으로 맡긴다. 처음에는 직접 면접을 보았지만 내가 데리고 일할 사람이 아니니 팀장에게 일임하게 되었다.

부서이동도 다른 회사에 비해 많은 편이다. 부서가 마음에 안 들어 힘들어하면 마음에 맞는 부서에 자리가 났을 때 가장 먼저 기회를 준다. 부서이동으로 생긴 빈자리는 채용을 통해 메꾼다. 능력에 적합한 자리를 찾아가도록 해준다. 자신에게 맞지 않는 자리에서 맞지 않는 옷을 입고 불평불만하지 말고 맞는 자리에서 최선을 다해 보라는 뜻이다.

이렇듯 우리 회사의 기업문화는 다른 곳과 다른 점이 많다. 자유분방한 나의 성향 때문에 그런 것이라고 생각한다. 내가 부서장한테 화를 내면 부서장은 팀장에게, 팀장은 직원에게 그 화가 전달된다. 그러면 회사 전체 분위기는 순식간에 경직되고 그 영향은 고스란히 고객에 간다. 반대로 내가 부서장을 칭찬하면 그것이 결국에는 고객에까지 이른다. 이런 점을 생각하면 나도 절대 직원들을 함부로 대할 수 없다.

직원들을 믿어주니 성과를 내는 것을 보았다. 회사를 위해 열심히 일해 주는 내부 고객, 직원 없이는 이 순간까지 오지 못했다고 생각하고 늘 고마운 마음을 간직하며 그들을 대하고 있다.

04
적자나는
부서관리법

우리 회사는 매장판매 사업부, 인터넷 쇼핑몰 사업부, 옥션 지마켓 사업부, 영업부 납품사업부, 폐카트리지 수거 사업부, 잉크공장 사업부, 토너공장 사업부 등 여러 부서가 있다. 경영을 하다 보니 1년 이상 적자가 나는 부서가 생겼다. 내가 아무리 말로 열심히 하라고 해도 잘 개선되지 않았다. 그래서 나는 최근 관리 방법에 변화를 주었다. 한 달 단위로 데이터를 내는 것이 아니라 매일매일 그날 실적을 부서원 개개인들이 직접 확인하고 분석하도록 시스템을 바꾸었다.

예를 들면 그 부서에 직원이 5명이면 5명에 해당하는 인건비와 차량유지비, 기름값, 식대 등의 고정비용이 발생한다. 고정비용이 총 9백만 원이면 9백만 원을 30일로 나눈다. 그러면 하루당 이 부서에서 발생하는 고정비용이 산출된다. 여기서는 30만 원 정도가 되는데 하루 30만 원의 고정비용을 적어 놓고 그날그날 순수익을 산출한다. 판매가에서 매입단가를 뺀 순수익이 고정비용인 30만 원을 넘으면 흑자, 30만 원에 못 미치면 적자가 되는 것이다. 만약 그날 순수익이 45만 원이면 흑자 15만 원이 되는데 이것은 다음 날로 넘어가게 한다. 그렇게 누적되게 하루하루 하다 보면 일 단위, 주 단위로 얼마가 적자가 나고 얼마가 흑자가 났는지 바로바로 확인할 수 있다.

출근하면 전날 보고를 받는다. 보고는 부서원 5명이 자기들끼리 하게 한다. 원인 파악은 나중에 해도 상관없다. 어제 적자가 얼마고 흑자가 얼마인지 바로 다음 날이면 서로 알게 되니 전화 하나를 받아도 더 친절하게, 납품을 가도 더 친절하게, 영업을 뛰어도 더 열심히 할 수밖에 없다. 이런 보고를 한 달에 한 번 하면 그런 내용을 잘 모르고 지나치게 된다. 결과를 보고 '잘해 보자' 말만 하면서 한 달 한 달을 보내게 되니 관리가 잘 되지 않는다. 그런데 이런 식으로 매일매일 서로 보고하고 분석하다 보니 하루하루 관리가 되어졌다.

이런 시스템이 별것 아닌 것처럼 보일지 모르지만 이렇게 관리해 나가다 보면 시스템에 녹아들게 되어 아무래도 신경을 더 쓰게 된다. 적자가 나면 부서원들끼리 논의도 하고 어떻게 하면 적자를 면할까, 해결방법은 없을까 고민하게 되고 해결책을 찾아가게 된다.

부서가 적자를 면하기 위해 목표를 세울 때도 위와 같은 방법을 적용하면 된다. 일 년 목표와 분기 목표를 먼저 세우고, 분기 목표가 정해지면 다시 월 목표와 하루치 목표액을 정한다. 그리고 매일매일 목표치에 도달했는지 미흡했는지를 확인하며 관리해 가는 것이다. 위와 같은 방법으로 시스템을 만들어서 몇 달을 돌렸더니 이제는 그 부서가 흑자로 돌아섰다.

이런 식으로 시스템을 만들어 놓으면 위에서 지시를 내리며 다그칠 필요가 없다. 직원들끼리 체크하고 직원들끼리 문제를 확인하게 되니 효율적이다. 어떤 부서에서 일 년 이상 적자가 나면 오너의 입장에서는 그 부서를 유지할 필요가 없어진다. 그러니 그렇게 시스템을 작동시키면 직원들은 살아남기 위해 자발적으로 노력하게 되어 결국 부서가 유지되는 것이다.

적자가 났다고 다그칠수록 능률 저하로 업무 차질과 적자의 늪만 깊어지게 만든다. 스스로 문제점을 해결하고 개선 방안을 만들어 가도록 시스템화를 시켰다. 뭐든 처음이 어려운 법이다. 하지만 그것에 익숙해지면 효율성은 높아지게 된다. 매일매일 체크하며 개선이 빨라졌다고 한다.

생존의식은 어떤 장애물도 두려워하지 않게 만든다. 서로 얼굴을 붉히지 않는 대안 책으로 '부서가 없어지면 나도 생존할 수 없다'

는 의식을 심어준 셈이다. 적자를 모면하는 게 회사 이득만이 아니다. 적자 속에서 받는 상실감을 성취감으로 바꾸어 주는 것, 직원들이 미래의 열매를 보게 되는 눈을 가지게 된 것은 돈으로 얻는 이득보다 몇 배 가치가 있는 것이다.

이런 것들도 수행해 나가는 것이 사장의 가장 큰 몫이자 역할이라 생각한다. 적자만 모면하는 것이 아닌 흑자로 맛보는 달콤한 성취감을 느끼게 해주고 싶다.

05

직원이 갑인
회사

우리 회사는 직원들에게 인정받는 사람이 먼저 진급한다. 능력이 뛰어나도 부하 직원을 잘 다스리지 못하면 조직을 이끌어가기 힘들다. 좋은 아이디어가 있다 해도 직원들이 마음을 열고 제안하지 못하면 추진할 수 없다. 그래서 우리 회사에서는 진급 때가 되면 직원들을 무작위로 뽑아 진급 대상자의 점수를 매기게 한다. 보통 다른 곳에서는 진급하려고 윗사람에게 잘 보이려 애쓰는데, 우리는 직원들에게 잘 보여야 한다. 그러니 직급이 높다고 해서 말단 직원에게 갑질은 상상할 수도 없다.

진급 때가 되면 총 4명에게 점수표를 받는다. 본인과 직원 3명을 뽑아 점수를 받는데 본인의 점수는 평균 점수에서 제외시킨다. 본인을 뺀 3명은 대개 부서장이나 부서원인데 무기명으로 하고 이사가 지목하는 사람들이 참여한다. 그러니 진급 때 누가 나를 평가할지는 알 수 없는 것이다. 평소 두루두루 직원들에게 인정받은 사람은 점수를 잘 받을 것이고, 그렇지 못한 사람은 점수가 낮을 수밖에 없는 구조다.

점수표는 진급에만 적용시키지 않는다. 점수표를 보면 직원들의 업무능력 외에도 많은 사항을 알 수 있다. 본인 점수는 낮은데 나머지 세 사람의 점수가 높은 경우, 이 사람은 업무에 자신감이 부족한 사람으로 칭찬과 격려를 더 많이 해서 자신감을 가질 수 있도록 한다. 반대의 경우는 자기의 주장만 내세우기보다 좀더 주위를 세심하게 돌아보고 배려하도록 조언한다. 세 사람 중 두 명은 높은 점수를 주었는데, 한 사람이 유독 낮은 점수를 주었다면 이런 경우는 개인감정이 개입돼 있는 경우가 많다. 오랜 시간 함께 하다 보면 이유 없이 싫고 미운 경우도 있지 않은가. 그럴 경우는 어떤 부분에서 감정이 상했는지 파악하고 좀더 객관적인 평가를 할 수 있도록 유도한다. 이런 역할은 대부분 이사인 아내가 담당한다.

나는 진급과 같은 인사 문제는 최대한 공평하게 하려고 노력한다. 친인척이라고 또는 나와 친하다고 좋은 자리에 앉히면 직원들의 사기가 떨어져 회사가 잘 돌아가지 않는다. 이런 민감한 부분일수록 더 내어놓고 함께 고민해야 믿음을 얻을 수 있고 나아가 직원들의 주인의식도 키울 수 있기 때문이다.

〈다다오피스 워크샵 기념사진〉

한 번은 직원이 고객에게 큰 실수를 해 동료 직원들이 고객에게 욕을 먹으며 실수를 무마시키느라 고생한 적이 있었다. 실수를 저지른 직원은 나에게 와서 해당부서에서 나가지 않게 해 달라고 빌었다. 계속 찾아와서 죄송하다고 했지만 내 마음대로 판단할 수 없는 문제였다. 동료 직원들의 불만 소리가 계속 들리는 데도 못 들은 척 내 마음대로 그 직원만 감쌀 수는 없었다.

"나한테 죄송할 건 없습니다. 옆에서 욕도 얻어먹고 고생한 동료들이 괜찮다고 하면 부서 발령을 내지 않겠어요. 동료들한테 가서 허락을 받아오세요."라고 말했다.

나는 돈을 손해 본 것밖에는 없었다. 나의 뜻이 중요한 것이 아니라 같이 일할 동료들이 계속 함께 일할 의사가 있느냐가 중요하다고 생각했다. 그래서 그 부서에서 자기들끼리 무기명 투표를 하게했다. 결과는 같이 일하기 싫다는 의견이 많이 나왔다. 일에 대한 실수가 원인이 아니라 평소 동료들 사이에서 인정받지 못했던 것이 원인이었다. 그 직원은 나중에 결국 자기 발로 회사를 떠나게 되었다.

두 사람의 직원이 있었다. A직원은 성격이 모가 난 편으로 나에게 건의를 많이 하는 스타일이었고, B직원은 나와 술도 자주 마시고 얘기도 많이 하는 직원이었다. 건의를 많이 하는 A직원은 나와 친분 관계가 그리 두텁지는 않았지만 일을 잘하고 아이디어가 많아 직원들에게는 신임을 받고 있었고, 나와 친한 B직원은 나에게는 살가웠지만 직원들에게는 인정받지 못했다. 결국 성격은 좀 모가 나도 직원에게 신임을 얻은 A직원이 팀장으로 승진하게 되었다. 그러자 진급에서 탈락된 B직원이 찾아와 왜 자신을 진급시키지 않았느냐며 원망을 쏟아냈다. 사장과 친하니 당연히 자기가 팀장이 될 줄 알았던 모양이었다.

"B씨는 직원들한테 인정을 못 받고 있어요. B씨를 인정해주지 않는 팀원들을 감당할 수 있겠습니까?"라며 진급이 누락된 이유를 설명해 주었다.

내 맘대로 팀장을 시켜놓고 팀원들에게 따르라고 하면 팀원들은 반발심만 생긴다. 그러면 팀장도 팀원도 서로 힘들어질 수 있다. 사장과 친하다고 해서 그것을 업무에 적용시킬 수는 없는 것이다. 공과 사는 구별해야 한다.

나는 사장이지만 을의 자세로 직원들을 대하려 노력했고 그렇게 하고 있다. 이런 내 모습에 공·사 구별을 확실히 하는 사장, 몸을 낮추는 사장으로 직원들이 인정해 주고 있다. 갑 행세를 한다고 갑이 되는 것이 아니다.

06

월급은
누가 주는가?

신입 직원에게 월급을 누가 주느냐고 물어보거나, 월급 주는 사람에게 감사한 마음으로 최선을 다해야 한다고 강조하면 다들 사장이 뭔가 대우받고 싶어 하는구나 생각한다. 대부분 월급은 사장이 준다고 생각하기 때문이다. 하지만 우리 회사는 그렇게 교육하지 않는다. 월급은 고객이 준다고 말한다. 사장도 마찬가지로 고객에게 월급을 받는 사람이며 그런 면에서 사장도 직원과 협력자 관계라고 가르친다. 또한 사장은 고객에게 물건을 팔아서 직원에게 월급을 전달하는 사람이라고 말한다.

사장이 월급을 주면 직원이 잘 보여야 하는 사람은 사장이 된다. 하지만 고객이 월급을 준다고 생각하면 직원들이 잘 보여야 하는 사람은 사장이 아닌 고객이 된다. 그러면 서비스 마인드가 달라진다. 고객이 오면 반갑고 고마운 마음이 들게 된다. 월급을 주는 고객을 건성으로 대할 수 없다. 우리 회사는 월급을 주는 고객에 대한 고마움을 다양하고 세심한 서비스로 구현시켰다.

대부분의 문구 업계를 가보면 친절한 느낌을 별로 받지 못한다. 손님이 오면 오는가 보다 하는 정도이다. 하지만 우리 다다오피스는 고객들에게 친절하다는 평가를 많이 듣는다. 가격은 도매가이지만 서비스 수준은 대형마트나 백화점 수준을 넘어선다.

우리 매장 수준의 가격으로 물건을 사려면 도매상으로 가야 하는데 사실 대부분의 도매상은 구석진 곳에 있고, 주차도 힘들 뿐만 아니라 제품 가격도 정해져 있지 않다. 도매가라서 싸다고 가보면 바가지를 쓰고 오는 경우도 있고, 물건도 막 쌓여 있는 데다 사면 사고 말면 말라는 식으로 대하는 경우가 종종 있다.

우리는 그런 서비스를 개선하기 위해 철저하게 교육한다. 신입 직원이 들어오면 일단 CS(customer service 고객 서비스)교육을 시키고, 또 매장 팀에 가서도 매일 10분씩 20일간 친절 교육을 받게 한다. 인사하는 법, 고객의 질문에 응대하는 법, 주의해야 할 행동 등을 가르치는데 무엇보다 중요한 것은 '진심'을 전달하는 것이라고 강조한다.

'진심'을 담아내기는 쉽기도 하고 어렵기도 하다. 보통 서비스직 교육 내용을 보면 목소리 높이를 '솔'음에 맞춰라, 입꼬리를 올려라는 식으로 교육하는 것을 보았다. 하지만 우리는 그렇게 하지 않는다. 미소 연습을 시키기 전에 '고객은 월급은 주는 사람이니 고마운 사람'이라는 마음가짐부터 가지라고 한다. 가족이나 친척이 와서 물건을 산다고 했을 때 이 물건이 어떠냐고 묻는다면 어떻게 설명하겠는가, 물건 하나 더 팔아야 되겠다는 생각을 하는가에 대한 답을 스스로 찾게 한다. 다시 볼 사람이기 때문에 제품에 대해 양심껏 설명한다. 쉽게 말해 뒤돌아서서 욕먹을 짓 안 한다는 말이다. 고객이 돌아서서 '속았다', '안 사도 될 걸 샀다'는 생각을 하면 그것은 친절을 가장한 장삿속이다. 고객이 나중에 돌아서서 생각해도 나에게 정성을 다해 주었구나, 친절을 베풀어 주었구나 하는 생각이 들도록 하라는 말이다. 그게 내가 강조하는 '진심'이다.

2층 매장 직원 중 말투가 투박한 여직원이 있다. 목소리를 가볍고 상냥하게 하라고 해도 잘 안 되는 직원이지만 고객들에게 친절하다는 소리를 듣는다.

"필요한 거 있어예?"

"가격도 싸고 이게 더 좋아예."

그 직원은 입꼬리를 올리고 항상 미소 짓는 모습은 아니지만 자신만의 방식으로 고객에게 진심을 전한다. 그 직원에게 물건을 사 본 사람은 나중에야 그 성의를 깨닫게 된다. 그러니 그 투박한 모습에도 고객들이 친절하다고 칭찬한다. 그런 직원 때문에 고객의 믿음이 쌓이고 다다오피스의 전체 신뢰도가 높아진다.

고객이 문의했을 때 '모릅니다'나 '없습니다'라는 말은 절대 하지 않도록 교육한다. 고객이 물어보면 일단 '확인해 보겠습니다.' 하고 매장에 있는지 없는지 확인해 보라 한다. 그 제품이 매장에 없고 잘 안 파는 제품이면 "그 제품은 구하기 힘들지만 고객님께서 주문하시면 구해드리겠습니다."라고 말하게 한다. 옛날 기종 프린터나 타자 기계 리본, 수입기계 소모품같이 구하기 힘든 제품이라도 우리가 못 구하는 제품은 거의 없다. 시간이 걸리거나 비치를 하지 않아서 그렇지 고객보다 물건을 구하기 쉬운 위치에 있다. 그러니 우리가 구해 드리면 고객은 다른 데 돌아다닐 필요가 없어 편리한 것이다. 만약 이런 경우 직원들에게 교육을 시키지 않았다면 '모릅니다, 없습니다'로 끝나고 만다. 하지만 우리는 고객이 필요로 하는 물건을 손에 넣을 때까지 끝까지 최선을 다한다.

우리 매장 직원들은 모두 작은 수첩을 들고 다닌다. 고객들이 찾는 물건이 없는 경우 수첩에 개인 주문을 받기 위해서인데 주문을 받으면 카운터에 비치된 '고객 주문 대장'에 기록해 놓았다가 물건이 도착하면 고객에게 연락해 찾아가게 한다. 그러면 고객들은 불필요한 수고를 들이지 않고 물건을 구하게 되어 만족감이 높을 수밖에 없다.

물건이 없다며 직원에게 물어볼 생각도 않고 돌아서 가는 고객도 있다. 그런 경우 우리 직원들은 고객이 들도록 "다른 곳에 가보시고 못 구하시면 저희한테 오십시오. 저희가 구해드리겠습니다."라고 말한다. 그 손님은 다른 곳으로 갔다가 물건을 못 구하면 결국 우리한테 연락을 한다. 우리는 어떻게 해서든 구해서 그 손님에게 연락을 해준다. 고객이 만족할 때까지 서비스한다는 이런 정신은 다다오피스를 여기까지 오게 한 원동력이다.

친절 교육뿐만 아니라 매장 진열도 철저히 고객 편의 위주로 했다. 가격 표시도 판매 단가와 할인율을 모든 제품에 적용해 놓아 고객들이 이용하는데 불편함이 없게 했다. 50~60년 이상 된 유명 문구센터에 가면 가격 표시가 제대로 되어 있지 않는 경우가 많다. 대형마트 문구 코너도 관리가 제대로 안 되는 건 마찬가지이다. 거기다 진열 방식도 고객 위주가 아닌 판매자 위주다. 우리는 이런 세세한 부분까지 고객의 입장에서 보고 생각했다. CS 친절 교육을 어디서 전문적으로 배워 온 적은 없지만 우리는 고객과 부딪치며 하나하나 터득한 노하우를 우리 회사 나름의 CS 친절 교육으로 완성했다. 직원들과 함께 시행착오를 거치며 만든 것이다.

"함께 크고 함께 만들어 가는 회사, 다다오피스의 가족이 되신 것을 환영합니다. 우리는 함께하는 사람들입니다."

직원 교육을 할 때마다 교육 자료 마무리에 늘 이 슬로건을 PPT에 띄운다. 사업체를 이렇게 키우고 회사 운영 체계를 하나하나 만들어 나가는 것 모두가 직원과 함께했기 때문에 가능했다. 나는 '함께 큰다'는 말에 깊이 공감한다. 직원들도 '함께 커 나간다'는 사실을 믿어 주었으면 좋겠다. 사장도 직원도 같이 일하면서 부딪치고 의논하다 보면 함께 능력치가 올라간다. 개인의 능력치가 커지는 만큼 회사도 커지게 되고, 어느 순간 '내가 키우고 가꾼 회사'라는 주인의식이 생겨나는 것이다. 나는 오늘도 직원들과 함께 커 나가고 있다.

07

큰 실수는
회사의 큰 자산

2012년 12월 눈이 안 오기로 유명한 대구에 52년 만에 폭설이 내렸다. 갑자기 20cm 가까이 눈이 내리니 당황한 사람들은 스노우체인을 사러 몰려들기 시작해 오전에 제품이 바닥나 버렸다. 우리는 급하게 다른 거래처에 연락해 스노우체인을 공수해 오기 시작했다. 마침 매장이 도로 옆이라 제품을 끌어오는 데는 큰 어려움이 없었다. 하루만에 2천만 원이 넘는 스노우체인이 팔려 나갔다.

그때 대박을 치고 다음해인 2013년도에 점장이 스노우체인을 잔뜩 들여놓았다. 그런데 다음해에는 눈이 오지 않았다. 재고는 엄청 들여놨는데 눈이 안 오니 돈이 묶여 버렸다. 하루 2천만 원 매출이라는 기록 때문에 대구는 눈이 안 온다는 사실을 잊고 있었다.

2013년 겨울 점장이 나가지 않는 스노우체인을 보고 있자니 죄송했는지 내게 와서 자기가 팔고 오겠다며 나서는 것이다. 점장과 함께 가기로 한 실장은 어디에 눈이 많이 오는가를 생각했다. 우리나라에서 강설량이 가장 많은 강원도가 떠올랐다. 점장과 실장은 탑차에 스노우체인을 싣고 플래카드를 만들어 걸고 당당하게 강원도로 떠났다.

"잘 팔려요? 얼마나 팔았어요?"
두 사람이 떠나고 걱정되어 전화를 했다. 조금이라도 재고 처리를 했을 것이라고 내심 기대를 하고 있었다.
"사람이 안 보입니다."
눈은 쌓여 있는데 사람이 안 나온다는 것이다. 그 말은 하나도 못 팔았다는 얘기였다. 왜 안 팔리는지 의아해했다.
배가 고파진 두 사람이 자장면을 시켰는데 눈을 헤치고 오토바이가 달려오는 것을 보고 허탈감을 느꼈다고 한다. 강원도는 원래 눈이 많은 지역이라 스노우타이어나 스노우체인쯤은 웬만하면 구비하고 있었고, 무엇보다 눈밭에서 운전하는 것쯤은 일도 아니었던 셈이다.
판단착오였다. 결국 팔아보겠다고 나섰던 점장과 실장은 단 한 개도 팔지 못한 채 자장면만 먹고 돌아왔다. 나는 두 사람이 돌아왔을 때 격려해 주었다. 재고가 쌓여 있고 그것을 팔지 못했다고 푸념을 하며 점장을 원망한다고 달라질 게 없다. 하지만 팔아보겠다고 먼 곳까지 간 두 사람의 마음은 대견하고 고마웠다. 회사를 생각하는 마음이 느껴져 오히려 칭찬을 해주었다.

이런 시행착오를 한 점장은 다시 꼼꼼하게 점검해 보며 똑같은 실수를 하지 않았다. 혹시 또 닥칠 폭설로 물건이 없어 못 팔까 걱정스러운 마음에 대비를 한 자세도 좋았다고 칭찬해 줬다. 하지만 또 폭설이 온다는 보장이 없다는 것을 점검하지 않고 놓친 점을 알려주었다. 눈이 자주 오는 지역이라면 대비성이 필요하지만 눈이 안 오는 지역에 한 번 내린 폭설을 보며 많은 양의 물건을 준비하는 건 실수였다. 그 실수로 많은 것을 느꼈다고 생각한다.

작고 크고의 차이가 있지만 실수를 한 번도 안 하며 사는 완벽한 사람은 없다. 누구나 실수를 한다. 하지만 실수가 실패로 이어지게 하느냐 성공으로 가게 하느냐가 그 사람의 미래를 좌우하게 만든다. 실패로 이어지지 않는 실수는 자산이 될 수 있다. 책을 많이 읽는 것도 간접 경험을 쌓기 위해서이다. 많은 사례들을 접하며 내게도 그런 상황이 온다면 어떻게 할 것인가에 대한 답을 만들어낼 수 있다. 그래서 나는 직원들에게 이 실수담을 얘기해 주었다.

점장을 무안 주기 위해서가 절대 아니었다. 대비와 실수 후 자세를 칭찬해 주며 실수한 원인을 직원들도 간접적으로 배우라는 의도였다.

점장이 물건을 들여놓을 때 결재를 한 사람은 바로 사장인 나였다. 나 역시 점장과 같은 생각을 갖고 있었을지 모른다. 그런 내 문제도 직원들에게 얘기해 주었다. 나라도 폭설이 또 내리지 않는다는 가정을 점검했다면 그런 일이 발생하지 않았을지도 모른다.

그 일로 많은 걸 느꼈다. 갑작스런 사태로 인한 매출 상승에 눈이 어두워져서는 안 된다는 교훈을 얻었고 손 놓고 안타까워하지 않고 그걸 처리하기 위해 강원도로 떠난 두 사람의 적극적이고 능동적인 자세를 보며 내 자신을 다시 점검해 보는 기회가 되었다.

08

열정이 있으면
자리를 만들어서라도 채용한다

사업 운영실 김종훈 실장이 우리 회사에 입사한 이야기를 하고 싶다. 봉덕동에 있을 때 상담실 직원을 채용할 일이 생겼다. 상담실이라 목소리 고운 여성이 들어오길 바랐지만 성별 구분 없이 상담실 직원을 채용한다고 광고를 냈다. 광고가 나가자마자 생각대로 목소리가 예쁜 여직원을 채용하게 되었다. 그런데 채용이 끝나고 오후에 김종훈 실장이 매장을 찾아왔다. 당시 김종훈 실장은 나이도 꽤 많았고 결혼도 해서 아이도 있었다. 남자가 상담실 직원으로 지원하리라고는 생각하지 못했다. 우리는 이미 채용이 끝난 상태였기에 김종훈 실장에게는 "나중에 연락드리겠습니다."란 말로 돌려보냈다. 연락이 없으면 당연히 떨어진 것이라고 생각해야 할 텐데 며칠

후 다시 전화가 왔다.

"저 떨어진 겁니까?"

연락을 안 하는데 다시 전화해 이렇게 물어보는 경우가 없어 순간 당황스러웠다. 기대를 하고 전화를 한 것 같은데 떨어졌다고 말하기가 미안하기도 했다. 그래서 "기존에 하던 직원이 2월까지 계속하기로 했다."고 거짓말로 둘러댔다. 그런데 김종훈 실장은 자신을 2월까지 무급 아르바이트로 써 보라는 것이었다. 2월까지 써보고 그때 가서 자신을 쓸지 말지를 결정해 보면 어떻겠냐는 제안을 했다.

솔직히 직원이 더 이상 필요 없었다. 그런데 무급으로라도 일을 해 보겠다는 열정이 마음에 들었다. 그래서 없는 자리를 만들어 김종훈 실장을 채용했다. 예상대로 김종훈 실장은 잔꾀를 부리지 않고 성심성의껏 일을 열심히 해주었다. 나이도 있는 데다 이미 바깥 세상이 호락호락하지 않다는 것을 깨닫고 들어온 터라 이직은 생각도 못했고, 우리 회사에서 뼈를 묻을 각오를 하며 본인 역량 이상으로 열심히 했다.

나는 김종훈 실장과 종종 술을 마시며 삶의 철학도 나누었다. 똑같은 이야기를 해도 다른 직원은 "사장님은 나를 가르치려 한다. 나를 바꾸려 하지 말라."며 거부 반응을 보이는 반면 김종훈 실장은 어떤 이야기를 해도 귀를 크게 열고 들어 준다. 그런 겸손한 자세로 열심히 일하니 상담 요원에서 상담 팀장으로 승진했고, 나중에는 온라인 전체 사업부를 맡았다. 지금은 사업 운영 실장으로 회사 전반적인 업무를 살피고 총괄하고 있다. 김종훈 실장이 입사한 지 8년이 지났고 나와 함께 큰 것이다.

한 번은 술을 마셔 대리운전 기사에게 운전을 맡기고 대화를 하게 되었다. 이런저런 이야기를 하다 보니 대리운전만 하기에는 아까운 사람이라는 생각이 들었다. 말에서 느껴지는 생각이나 철학의 깊이가 남달랐다. 이야기를 들어보니 큰 규모의 사업을 했는데 사업실패로 대리운전을 했고 대리운전 전국 노조위원장직을 맡고 있었다.

노조는 자기가 일한 만큼 대우를 못 받으니까 생기는 것 아닌가. 나는 일한 만큼 최대한 대우를 해준다는 원칙을 갖고 있었기에 그 사람에게 채용의 기회를 주고 싶었다. 우리 회사에 와서 면접을 한 번 보는 것이 어떠냐고 권했다. 다음 날 그 대리기사가 찾아와서 바로 채용했다. 신용불량자였던 그 사람은 회사에 들어와서 신용도 회복되었고, 차량과 법인카드까지 제공받으며 영업부를 맡았다. 지금은 본인이 다시 하고 싶은 사업이 있어 우리 회사를 떠났지만 나는 좋은 인재라고 생각하면 이렇게 때와 장소를 가리지 않고 뽑았다.

임용훈 과장은 처음 온라인 쇼핑몰 쪽으로 입사를 했는데 일 년이 지나자 자신과 맞지 않는지 퇴사를 하겠다는 것이었다. 본인은 창의적인 아이디어가 있어서 자기 능력을 맘껏 발휘해 보고 싶은

데 온라인 부서에서는 직급이 낮으니 능력 발휘에 한계를 느꼈던 것이다. 또한 부서 팀장과 업무 패턴도 안 맞는 부분이 있었다. 그래서 나는 당시 임용훈 직원에게 제안을 하나 했다. 당시 온라인 부서는 이미 과장도 있고 수익도 오르고 있었으며 시스템이 어느 정도 자리를 잡았던 상태였다. 반면 오프라인 부서는 신생 부서여서 할 일도 많았고 가면 고생이 뻔했지만 온라인 부서가 맘에 안 들면 오프라인 부서로 바꾸는 것은 어떠냐고 제안했다. 임용훈 직원은 본인이 고생이 되더라도 맘껏 성과를 내보겠다는 의지를 드러내 오프라인 부서로 발령을 냈다. 그러자 그 부서가 본인의 적성에 맞았는지 부서의 체계를 하나하나 잡아 나가며 가시적인 성과를 만들어내기 시작했고 부서를 옮길 때 주임으로 시작한 직급이 3년도 안 되어 계장, 대리, 과장으로 빠르게 승진을 했다.

인터넷 쇼핑몰을 하나 더 만들면서 오프라인 사업부에 근무하고 있는 임용훈 과장을 다시 불러 "이 쇼핑몰을 네가 한번 키워봐라. 키워서 수익 일정 부분을 가져가 보지 않겠느냐. 입사 초기에 인터넷 쇼핑몰 사업부에 있을 때는 직급이 낮아서 너의 능력을 제대로 발휘하지 못했을 텐데 이제 니가 팀장이 되어서 이 사업부를 니 마음대로 한번 키워봐라."고 했더니 군소리 하나없이 "네. 열심히 한번 해보겠습니다"라고 하고는 반짝이는 아이디어로 사업부를 새롭게 키우고 변화시키는 등 미친 듯이 일에 전념하는 것이다. 임 과장이 제일 처음 말단직원으로 근무했던 부서가 인터넷 쇼핑몰 사업부였다.

이렇듯 본인이 능력 발휘를 한 만큼 나는 대우해 준다. 나는 판을 만들어 주는 사람이고 판을 키우는 것은 직원 개인의 능력이라고 생각한다.

보통 직원들은 일이 많아지면 귀찮아하고 똑같은 패턴으로 일하려 한다.

"일을 줄 때 얼른 받아서 열심히 해라. 그때가 바로 기회인 것이다."

평소 그런 모습으로 최선을 다하면 사장은 더 큰 일을 맡겨 가며 직원을 키워 준다. 회사와 직원은 함께 크는 것이다. 파이가 커지면 같이 나눠 먹는 것이다.

09

내 직원은
내가 보호한다

하루는 상담실 직원이 울고 있었다. 왜 우느냐고 했더니 말을 하지 않았다. 다시 달래고 달래서 물어보니 불량처리를 성심껏 다 해주었는데도 터무니없는 금전적인 보상을 요구하며 입에 담지 못할 욕을 계속했다고 한다. 웬만하면 다 듣고 넘기는데 얼마나 심한 욕을 했으면 참지 못하고 울음을 터뜨린 것이다.

　나는 상담 직원에게 혹시 다시 연락 오면 나를 바꾸라고 했다. 진상 고객은 다시 전화를 걸어서 막말과 욕설을 하며 막무가내로 요구 사항을 얘기했다. 그때 나는 전화를 돌려받으며 그 사람과 똑같이 막말을 해주었다.

　"***야! 내가 반말하면서 너한테 욕하니까 기분 좋나? 당신은 고객으로 대우받을 가치가 없는 사람이다. 고객이고 나발이고 당신 같은 고객 없어도 된다. 또다시 전화하면 업무 방해죄로 고발한다!"

나도 큰 소리로 그 진상 고객에게 직원을 대신해 막말을 해주었다. 옆에서 지켜보는 직원들은 모두 조마조마했겠지만 입에 담지 못할 욕을 들은 직원은 아마 대리만족을 느꼈을 것이다. 하지만 이런 몰상식한 사람한테는 이런 방법을 쓰는 것이 내 방식이다.

고객에게 최대한의 서비스는 제공하지만 이럴 때 나는 직원 편이다. 대부분의 감정 노동자들에 대해 대기업 등에서 나처럼 같이 욕을 해주라고 가르치지는 않는다. 하지만 무조건 참으라고 하고 마인드컨트롤로 이겨 내라고 하면 골병드는 것은 내 직원이다.

나는 그런 사람의 주문은 안 받아도 된다고 말한다. 그렇게 몰상식한 사람은 아예 블랙리스트에 올려서 주문이 들어와도 물건을 주지 말라고 한다. 블랙리스트에 올리는 건 버튼 하나만 누르면 간단히 등록된다. 그러면 그 사람도 싸고 좋은 물건을 구하지 못해 곤란을 겪는다.

재생 잉크 같은 경우는 우리가 직접 만들기 때문에 이렇게 저렴한 가격으로는 다른 곳에서 구할 수 없다. 내가 안 팔면 못 사는 것이다. 그럴 정도로 나는 우리 제품에 자신이 있다. 고객한테 어떻게 그럴 수 있나 하겠지만 인간 대 인간으로서 인격을 무시하거나 지나친 욕설을 해올 때 내 방식이 맞는다고 생각한다. 블랙리스트에 오른 아이디는 주문이 들어와도 팔지 않는다. 다른 아이디로 새로 등

록하면 할 수 없지만 그 아이디로는 다시 주문을 못하게 해놓았다.

진상 고객은 기업이 만드는 측면도 있다. 고객은 왕이라는 구호 아래 고객들의 불합리한 요구와 인격 모독들을 다 들어주고 받아주기 때문에 그런 것이다. 상담 직원에게 입에 담기 어려운 욕을 하면 녹음을 해서라도 업무 방해죄로 고발해야 한다. 고객의 권리만큼 직원의 인권도 있는 것이다. 그런 진상 고객은 강하게 대처할 때 다시 그런 행동을 하지 않는다.

올 초에 있었던 일이다. 우리 회사에서는 무한 프린터기 렌탈 사업도 한다. 그날은 프린터기 AS기사가 표정이 좋지 않았다. 우리 직원들의 얼굴이 대부분 밝기 때문에 얼굴만 봐도 그 직원의 상태가 바로 눈에 들어온다. 직원을 불러서 무슨 일이 있느냐고 물어보니 한 업체에 갈 때마다 반말이나 막말을 하면서 마치 종 부리듯 한다고 했다. 조금만 늦어도 전화해서 욕하고 이래라 저래라 갑질을 한다는 것이다. 나는 거기가 어딘지 물어보고 당장 전화를 걸었다.

"사장님! 한 달 여유 드릴 테니 그 안에 다른 거래처 알아보십시오. 저희는 사장님과 더 이상 거래할 수 없습니다. 나도 우리 직원한테 그렇게 막 대하지는 않습니다."고 했다. 사실 그 업체는 요구사항이 굉장히 많아 골치를 앓고 있던 중이었다. 그렇지만 거래이기 때문에 정성을 다 했는데 우리 직원한테까지 막 대하는 것을 보고 거래를 끊었다.

나중에 그 업체는 다른 거래처를 구하지 못해 오히려 우리에게 용서를 구하고 거래를 계속하자고 요구해 왔다. 진상은 어디를 가도 진상짓을 한다. 그 업체는 다른 곳에도 이미 나쁘게 소문이 나 있었던 것이다. 진상 고객은 그렇게 고쳐야 한다.

내 직원은 내가 보호해야 한다. 그래야 사기 진작이 되는 것이다. 진상 고객 상담과 같은 어려움이 닥쳤을 때 참으라고만 하면 "사장도 똑같은 놈이다"라는 인식이 박혀 버린다. 그러면 그 직원은 애사심은커녕 언제 그만둘까만 고민하게 될 수도 있다. 그런 직원들이 많으면 회사가 잘될 리 만무하다. 직원은 내 가족이라고 말로만 할 게 아니라 직원들이 느끼도록 해주어야 한다.

10

따논당상
받아봤니?

우리 회사에는 특별한 연말 시상식이 있다. 직원들의 사기도 진작시키고 한 해 동안 열심히 일한데 대한 고마움을 표현하는 자리다. 나는 밝고 에너지가 넘치는 것을 좋아한다. 일할 때는 일하고 놀때는 누구보다 열심히 놀아야 한다는 주의다. 그래서 기발한 상을만들어 맘껏 즐겨보자는 의미로 시상식을 하고 있다. 평범한 상은재미가 없다. 이런 기발한 상을 줌으로서 받는 사람도 주는 사람도마음의 부담감 없이 시상식 자체를 즐길 수 있다. 다음은 회사에서준 2016년도 연말 시상식 내용이다.

2016년 한 해 동안 저희 주식회사 ㈜창일 다다오피스와 동고동락을 함께해 주신 직원 여러분께 감사의 말씀으로 대신하면서 수고하신 우리 직원 모두를 위해 격려의 큰 박수 부탁드립니다.

지금부터 2016년도 주식회사 창일 종무식을 거행하겠습니다.

각종 시상이 있을 예정이오니, 각 시상 및 호명이 되면 직원 여러분들의 많은 축하의 박수 부탁드립니다. 모든 시상에는 상장이 주어지고 부상으로 상에 맞는 상품이 수여됩니다.

- 공로상(다다오피스 유천점 김종훈 지점장)

상기 본인은 입사 초 상담원을 시작으로 상담팀의 팀장, 관리부의 부장, 회사 전체를 관할하는 사업운영실의 실장 등을 거쳤으며 최근에는 새로 오픈한 유천점을 남다른 관리능력과 열정으로 안정적으로 매장을 운영하고 있기에 그 공로를 인정하여 이 상을 수여합니다.

부상으로 100만 원을 드립니다.

- 온달장군상(오프라인사업부 김민수 사원)

상기 본인은 입사 초기에 소극적이었던 모습에서 탈피하여, 주어진 업무를 이행함에 있어 남다른 시각과 생각을 바탕으로 긍정적인 발전을 가져왔기에 이 상을 수여합니다.

부상으로 평강공주를 찾았지만 도저히 못 찾아 생강으로 만든 생강공주를 드립니다.

- **비타민상(온라인사업부 전혜은 주임)**

   상기 본인은 특유의 성실함과 밝은 미소로 허파에 바람 든 것처럼 실실 잘 웃고 다니며 매사에 본인이 가진 씩씩하고 밝은 목소리와 백만 불짜리 미소를 띠며 긍정적인 에너지로 회사 동료들에게 비타민 같은 상큼한 영양소를 공급하였기에 이 상을 수여합니다. 부상으로 비타 500 한 박스를 수여합니다.

- **티안나상(온라인사업부 최은숙, 오프라인사업부 박은경 계장)**

   상기 본인은 업무 특성상 크게 드러나지는 않지만, 여러 동료들이 인정한 바 보이지 않는 곳에서 책임감을 가지고 묵묵히 맡겨진 업무를 성실하게 수행하였기에 이 상을 수여합니다. 앞으로는 티 좀 내라고 부상으로 불티나 라이타를 드립니다.

- **고객친절상(오프라인사업부 강혜숙)**

   상기 본인은 자그마한 체구에서 뿜어져 나오는 부드러운 카리스마로 맡은 바 업무에 충실할 뿐만 아니라 매장방문 고객의 곁에서 부담스러울 정도의 찰거머리 같은 친절함으로 칭찬이 자자하기에 이 상을 수여합니다. 부상으로 스마일 뱃지를 드립니다.

- **얼리버드상(오프라인사업부 김기현 계장)**

   상기 본인은 지치지 않는 체력과 열정으로 1년 동안 하루도 빠짐

없이 가장 일찍 회사에 출근, 업무를 시작하여 동료들의 모범을 보였기에 이 상을 수여합니다.

얼리버드상에 걸맞게 앵그리버드를 부상으로 드립니다.

- **면상(오프라인사업부 한명옥 계장)**

상기 본인은 맡은 업무를 꼼꼼하게 잘 처리할 뿐만 아니라 항상 따뜻한 웃음과 온정으로 직장 동료들과 고객에게 그 따스함을 전달하였기에 이 상을 수여합니다.

부상으로 밥상을 드립니다.

- **일취월장상(온라인사업부 추현식 주임)**

상기 본인은 업무를 수행함에 있어 시스템을 발전된 방향으로 새롭게 재정비하기 위해 특유의 성실함과 열정을 통해 많은 의견과 행동을 보여주었기에 이 상을 수여합니다.

일취, 즉 일에 취한다는 의미가 있으므로 부상으로 소주 한 병을 드립니다.

- **10년 장기근속상 (오프라인사업부 김봉재 점장)**

상기 본인은 떠밀어도 떠밀어도 나가지 않고 비오는 날 땅에 붙은 젖은 낙엽처럼 10년간 한결같이 잘 버텨왔고 입사 후 10년간 맡은 업무에 성실하고 책임있게 수행함으로써 회사 발전에 기여한 바가 크므로 이 상을 수여합니다.

부상으로 현금 100만 원을 드립니다.

- **5년 장기근속상 (오프라인사업부 임용훈 과장, 차승희 대리, 온라인사업부 박창용 대리)**

  상기 본인은 입사 후 5년간 맡은 업무에 성실하고 책임있게 수행함으로써 회사 발전에 기여한 바가 크므로 이 상을 수여합니다.

  부상으로 현금 50만 원을 드립니다.

- **박카스상(오프라인사업부 김하경 계장)**

  상기 본인은 맡은 바 업무에 너무 열정적으로 에너지를 소비한나머지, 항상 피로누적으로 인해 출퇴근시간을 너무 칼같이 지켜왔기에 피로를 풀라고 본 상을 수여합니다.

  부상으로 박카스 1박스를 드립니다.

- **환골탈태상(오프라인사업부 김해정 주임)**

  상기 본인은 입사 때와 다르게 외/내형적으로 긍정적인 변화를보여주면서 점차 발전되어 가는 모습으로 맡은 바 업무에 충실하였기에 이 상을 수여합니다.

  특히 최근 사랑에 빠지면서 살도 함께 빠졌다는 믿지 못할 보고가 들어왔습니다.

  더욱더 예쁜 모습 잘 가꾸라고 부상으로 손거울을 드립니다.

- 에너자이저상(온라인사업부 김보배 주임)

  상기 본인은 보기만 해도 웃음 짓게 하는 상큼한 미소와 지치지 않는 열정과 에너지를 바탕으로 맡은 바 업무를 열심히 수행하였기에 이 상을 수여합니다.

  부상으로 에너자이저 건전지를 함께 드립니다.

- 비선실세상(오프라인사업부 박현정 계장)

  상기 본인은 사장이 매장 순회시에 마주치면 간식을 사달라느니 배가 고프다느니 하면서 어색한 애교로 목적한 바를 이끌어내는 동시에 사장과 점장을 아바타로 만들어 직·간접적으로 조종하는 재주가 있는 비선실세이기에 이 상을 수여합니다.

  부상으로 만능 리모콘을 드립니다.

- 이순신상(잉크제조사업부 고봉근 대리)

  상기 본인은 나의 죽음을 적에게 알리지 말라는 이순신 장군의 정신과 같이 맡은 바 업무를 티내지 않고 묵묵히 열심히 수행하였기에 이 상을 수여합니다.

  부상으로 이순신 장군이 그려져 있는 백원을 드립니다.

- 면도날상 (사업운영실 이혜란 주임)

  상기 본인은 평상시에는 깊은 강물처럼 조용하지만 불의를 보면 참지 못하는 성격을 바탕으로 각 부서의 업무 실수에 대해서는 칼같이 지적하며 회사 업무시스템 정비에 이바지하였기에 이 상을 수여합니다.

부상으로 도루코 면도날을 드립니다.

- **양파상**(온라인사업부 김보람 계장)

  상기 본인은 까도까도 그 속을 알 수 없는 양파처럼 묘한 매력을 발산하며 평상시 모습과 술자리에서의 모습이 너무나 달라서 주변사람들에게 눈물 날 정도로 큰 웃음을 줄 뿐 아니라 업무수행에 있어서도 계속해서 다채로운 능력을 보여주었기에 이 상을 수여합니다.

  부상으로 양파링 한 봉지를 드립니다.

- **화려한비상**(온라인사업부 박창용 대리)

  상기 본인은 작년에 여친을상상을 수상한 이후 알에서 깨어난 새가 화려하게 비상하는 것처럼 예상을 뛰어넘는 관리능력으로 맡은 바 업무를 정말 잘 수행하고 있기에 이 상을 수여합니다.

  알에서 깨어 화려하게 비상하라고 부상으로 달걀을 드립니다.

- **멀티플레이상**(오프라인사업부 이태경 계장)

  상기 본인은 업무를 수행함에 있어 영역을 가리지 않고 어떤 업무가 주어지더라도 항상 자신감 넘치는 모습으로 책임감과 부담감을 이겨내고 끊임없이 발전되어 가는 모습을 보여주었기에 이

상을 수여합니다.

부상으로 멀티탭을 드립니다.

이렇게 회사가 잘 굴러가는 것은 모두 직원들 덕분이다. 직원들이야말로 회사의 크나큰 자랑이자 재산이다. 모두가 주인의식을 갖고 힘을 합할 때 다다오피스의 발전이 있는 것이다.

차중근 전 유한양행 사장은 "경영자가 직원으로부터 한 발짝 물러나면 직원은 두 발짝 멀어진다."고 했다. 직원이든 고객이든 먼저 다가가는 경영이 필요한 때다. 이런 작은 아이디어들도 직원들에게 한 발 다가가고자 하는 마음의 표현이다.

늘 유쾌한 다다오피스가 되길 바란다.

11
동종 업계 최초
가족친화인증기업 선정

"행복한 가족! 즐거운 일터!"라는 광고 문구를 본 적이 있을 것이다. 가족친화인증제도를 알리는 슬로건이다. 가족친화인증을 받은 기업은 근로자가 가정과 직장 모두에서 균형 있는 생활을 할 수 있도록 회사가 시스템을 갖추고 있다는 뜻이다. 여성가족부에서는 가족친화제도를 모범적으로 운영하는 기업 등에 대해 심사를 통해 여성가족부장관의 인증을 부여해준다. 여성의 경제 활동 참여 증가 등으로 생긴 변화에 따라 근로자가 가정생활과 직장생활을 조화롭게 해 나갈 수 있도록 하기 위함이다.

가족친화제도는 크게 자녀출산 및 양육지원, 유연근무제도, 가족친화 직장문화 조성 부분으로 분류해서 심사한다. 인증기준은 최고 경영층의 리더십, 가족친화실행제도, 가족친화경영 만족도 등으로 평가하고 중소기업의 경우는 60점 이상이면 인증이 부여되는데, 우리 다다오피스는 2016년 동종업계 최초로 가족친화인증기업으로 선정되어 그 혜택으로 출입국 우대카드도 받았다.

- 적절한 휴식 시간 제공으로 스트레스를 줄이고 업무 효율성을 높인다.
- 부득이한 상황이 발생하지 않는다면 야근은 없다.
  퇴근 후 시간은 개인적 활용을 적극적으로 해야 한다고 권장한다.
- 기혼녀인 경우는 탄력 근무제를 하고 있다.
- 매주 금요일은 가족사랑의 날로 가족과 함께 보내는 시간이다.

이렇게 기본적인 규정이 있다. 일반적으로 금요일에 회식들을 많이 하지만 우리 회사는 금요일은 가족 사랑의 날이다. 그날 만큼은 직원들 가정의 행복을 지켜 주려 한다. 기혼자인 경우 아내들이 좋은 회사라고 칭찬한다고 한다. 가족에게 사랑받는 사람은 그 행복감을 밖에 나와 베풀 수 있는 여유가 생기게 된다.

쉬는 시간과 쉼터를 주는 회사는 직원의 정신적 스트레스와 육체적 고단함만을 풀어주는 게 아니다. 그것으로 생기는 에너지는 분명 고객에게 돌아간다. 그리고 그 부메랑은 다시 회사에 돌아오는

〈가족친화 우수기업〉

것이다. 나는 이런 걸 많이 느꼈다.

　가정과 직장 두 일을 해내는 여성들의 고충은 너무나 크다. 그런 직원들이 편하게 일할 수 있도록 탄력 근무제를 실시했고 육아 휴직과 출산 휴가도 법이 정한 규정을 보장하고 있다.

　그런 것 때문에 기혼녀 채용을 회피하려 하지 않았다. 아이를 키우는 직원들은 매장에 아이들이 오면 엄마 같은 마음으로 아이들을 대한다. 그것도 능력이고 진심 어린 친절이라고 생각한다. 또한 일을 할 수 있다는 것만으로 긍지를 갖게 되기도 한다.

　우리 회사는 정년이 없다. 요즘은 100세 시대이다. 의술 발달로 몇 년 안에 110세가 된다고 한다. 점점 수명은 늘어 가는 데 사회생활에 선을 긋는 나이로 정년을 만드는 것은 안 된다고 본다. 몇 년 전 해외에 나갔을 때 햄버거 매장을 간 적이 있었다. 카운터에 있는 여자 노인, 매장을 치우는 남자 노인의 연세는 짐작하건대 70세는 되어 보였다. 젊은 사람들처럼 빠르지는 않지만 최선을 다 하는 모습이 너무 아름답게 느껴졌다.

우리도 그런 걸 받아들여야 하는 시기가 아닌가 생각한다. 그래서 나는 정년의 선을 두지 않았다. 일을 할 수 있을 때까지 본인이 원할 때까지 무한정 근무 보장을 한다. 이것이 나이 든 직원들에게는 우리 회사에 대한 애착을 더 가지게 되는 계기도 되었다.

나는 시행하고 있는 것 외도 직원복지 향상을 위해 끊임없이 생각하며 받아들일 마음의 준비를 하고 있다. 그러기 위해서 좋은 사례들에 눈을 크게 뜨며 직원들의 작은 소리에도 귀를 기울이고 있다. 더 나은 일하기 편하고 행복한 일터가 될 수 있도록 앞으로도 노력해 나갈 생각이다.

12

대한민국 신지식인 선정,
도전한국인 대상 수상!

노숙자에서 무일푼으로 시작한 복사용지 납품 사업으로 시작해 백 억 매출의 내실 있는 중소기업으로 성장시켜 온 데에는 여러 이유가 있다. 여러 도움의 손길이 있었지만 여기서는 나의 경영방식과 경영마인드에 초점을 맞춰 이야기할까 한다.

먼저 고객과 끊임없이 교감하며 서비스 질을 최고 수준으로 끌어올리려 노력했다. 직원들에게 당부만 하는 사장이 아닌 실천하는 사장이 되기 위해 노력했고 지금도 하고 있다. 고객의 소리뿐 아니라 직원 개개인의 소리에도 귀를 크게 열었다. 그래서 불만을 최소화시키며 서비스 질을 높일 수 있었다.

사업이 확장세에 있어도 안주하지 않고 고객의 목소리에 귀 기울이며 변화를 거듭했고, 고객 입장에서 맞는 답이라면 과감히 시도도 했다. 그래서 최초라는 수식어를 많이 달게 되었다.

제품의 품질은 물론 서비스까지도 지속적으로 업그레이드시켜왔다. 이런 노력들은 결국 고객들의 신뢰를 얻었고 온, 오프라인 매장 곳곳에서 좋은 반응을 얻을 수 있었다.

또한 사무용품에 한정하지 않고 생활용품, 공구, 완구, 레포츠, 화방용품 등 10만 가지가 넘는 제품들을 구비해 원스톱 쇼핑이 가능한 융복합 매장을 만들어 누구도 생각하지 못한 개념을 완성시켜 주위를 놀라게 했다. 다양하면서도 전문적인 제품들, 거기다 저렴한 가격까지 고객의 요구와 욕구를 충족시킬 여러 요소를 갖추어 나갔다.

한 발 앞서나가는 경영 전략도 한몫했다. 폐카트리지 수거 사이트를 만든 일, 재생 잉크를 제품화한 일, 재생 잉크, 토너 공장을 설립한 일, 우리 매장만의 독창적 포스 프로그램을 개발한 일, 인터넷 쇼핑몰을 운영하면서 '24시간 내 배송'을 실시한 일 등은 당시로서는 업계 최초이거나 매우 혁신적인 발상이었다. 이런 독창적 아이디어들로 인해 사업체가 급성장하는 계기가 되었다.

마지막으로 나의 열정적인 경영마인드이다. 열정적이면서도 긍정적인 마음가짐은 사업체를 만들고 키우고 가꾸는 기본 중심이 되었다. 운영 방침에도 반영되어 직원들에게 동기를 부여하는 등 활기찬 회사 분위기를 이끌어 주었고 이제는 직원들과 열정적으로 토론하며 함께 기업의 미래를 설계하고 있다.

　나의 이런 노력들이 인정을 받아 2015년에는 신지식인에 선정되었다. 신지식인이란 학력에 상관없이 지식의 활용 부가가치를 능동적으로 창출하고, 새로운 발상으로 자신의 분야에서 일하는 방식을 개선, 혁신하는 사람이라는 뜻이다.

　2011년 4년 연속 경영혁신중소기업 인증, 같은 해 ISO9001 인증, 2013년 예비 사회적 기업 지정에 이은 쾌거였다. 2016년에는 '도전 한국인상'도 수상했다. '도전 한국인상'은 불굴의 의지로 도전해 나가는 사람과 삶을 발굴하고 응원한다는 취지로 일상 속에서 크고 작은 도전을 해 나가는 예술문화인, 창조경영인, 신지식인에게 수상하는 상인데 내가 개인 부문에서 대상을 수상하게 되었다.

　개인적으로 큰 영광이지만 수상의 영광이 빛을 잃지 않도록 부단히 노력해야 하는 의무감이 나의 몫으로 남았다. 상을 받았다고 자만하지 않았다. 남에게 본보기가 되어야 한다는 생각에 어깨가 더 무거워져 처신을 더 조심하게 되었다. 더 열심히 하라는 채찍이라 생각하니 정신 무장도 되었다.

　초심! 그것을 지키는 게 쉬운 듯 쉽지 않은 일이기도 하다. 어려운 시절이 가물거리려 할 때마다 역사가 된 장부를 보며 다시 한 번 마음을 다지려 한다. 100세 아니 110세인 시대에서 지금 내 나이는 너무도 어리다. 20년 후 지금의 나를 돌아보며 후회라는 단어가 나오지 않게 하려면 무엇을 어떻게 해야 하는지에 대한 고심의 끈을 놓지 않는다. 생각을 하며 고민을 한다는 건 앞으로 나갈 준비가 되어 있다는 뜻이다. 행복한 고민을 하며 매일 파이팅을 외치며 하루를 시작한다.

Chapter

5

나를
움직이게
하는 힘

자신의 부족한 점을
더 많이 부끄러워할 줄 아는 이는
더 존경받을
가치가 있는 사람이다.

— 조지 버나드 쇼

01

내 작은 점포,
다마스!

처음 무점포 창업을 할 때 산 차는 배기량 800cc 정도인 소형 밴 다마스이다. 잠자는 시간을 빼고 늘 나와 함께 다녔으니 나의 분신이자 전부였다. 사무실이자 업무 차량이었고, 자가용이었다. 내 산역사인 다마스에 얽힌 추억이 많다.

2년 정도 타고 나니 상태가 많이 나빠졌다. 매일 대구 시내를 수도 없이 왔다 갔다 해야 하니 그럴 수밖에 없었다. 몇 번을 고쳐도 에어컨 가스가 자꾸 빠져 한 여름에 에어컨을 켤 수 없는 상태가 되었지만 차를 새로 살 수도 없는 형편이었다. 차체 앞부분이 짧아 엔진의 열기가 그대로 운전석까지 전해져 와 여름에 무척 힘들었다.

위 철판도 태양볕에 달궈져서 한 여름에는 아래 위에서 더해지는 열기 때문에 숨이 막힐 정도였다.

당시에는 사무실 전화와 내 휴대폰 전화를 착신시켜 놓고 사람들이 사무실 번호로 전화하면 다마스 안에서 사무실인 것처럼 주문전화를 받았다. 고객들이 무점포 상태인 것을 아는 게 싫어서 주문 전화가 오면 다마스 창문을 꽉 닫아 소음을 차단하고 전화를 받았다. 창문도 손잡이를 돌려야 올라가는 수동문이었다. 사무실 번호로 전화가 오면 급하게 양쪽 창문을 돌려서 닫고 전화를 받는데 에어컨도 안 나오는 차안에서 2~3분가량 주문 전화를 받다보면 잠깐 사이에 온몸이 땀범벅이가 되었다. 밖이 30도이면 차 안은 4~50도까지 올라간다. 어쩌다 통화 시간이 5분을 넘기면 그야말로 목욕을 한 것처럼 땀에 흠뻑 젖는다. 그러다 창문을 내리면 남들은 덥다지만 그때만은 한여름 열기가 오히려 시원할 정도였다. 그렇게 몇 년을 여름이면 에어컨 없이 돌아다녔다.

결혼을 하고 명절을 앞두고 시골 본가에 내려갈 때도 다마스를 타고 갔다. 남들은 성공해서 자가용을 끌고 간다지만 나는 다마스를 자가용 삼아 내려갔다. 본가인 창원으로 가려면 고속도로를 달려야 하는데 다마스 차체가 워낙 가벼워 속도를 조금만 내면 차체가 붕 떠버려 위험했다. 거기다 옆으로 화물차와 같은 대형 차량이 지나가면 옆 차선으로 빨려 들어가려 해 차체 무게를 최대한 늘려서 다녀야 했다. 그래서 생각한 것이 복사용지를 꽉 채워 다니는 것이

〈소형밴 다마스〉

었다. 아내와 나는 시골에 갈 때는 언제나 복사용지 열댓 박스를 싣고 갔다. 그렇게 해야 차가 뜨지 않고 균형을 잡을 수 있었고 고속도로에서 겨우 80킬로미터 속도를 낼 수 있었다.

에어컨도 안 되고 소음은 얼마나 심한지 아내한테 한마디 하려면 목청을 한껏 높여야 했다. 아내와 나는 차 안에서 이야기를 많이 하는 편인데 그렇게 큰 소리로 두어 시간 이야기하고 가면 정작 어머니 앞에서는 목이 잠겨 인사를 못할 정도가 되었다. 어머니는 짐칸에 실린 복사용지를 발견하시고 종이는 뭣 하러 가지고 왔냐고 물으셨다. 그러면 그때마다 우리 부부는 올라가는 길에 배달이 있어서 가져왔노라고 둘러댔다.

처가 식구들과 청도 운문댐으로 나들이를 갈 때 일이다. 위 동서들과 처제는 모두 자가용을 타고 왔는데 우리 부부는 다마스였다.

처가 식구들 중 가장 못 살고 있을 때여서 아내는 다마스를 타고 가는 것이 부끄러웠다고 했지만 나는 당당했었다.

그때도 복사용지를 싣고 갔지만 짐칸이 넓으니 장모님께 짐을 모두 우리 차에 실으라고 했다. 복사용지 위에 캠핑 짐을 싣고 가는데, 운전을 하면서 나는 짐을 실은 것이 실수라는 것을 그때서야 깨달았다. 길은 구불구불하고 비탈진데 차가 무거우니 속도가 안 났다. 아무리 액셀을 밟아도 다른 동서들의 차를 따라갈 수 없었다. 둘째 동서와 처제는 먼저 가버리고 맏동서가 길잡이를 했는데 속도가 너무 느리니 맏동서가 가다 서다를 반복하며 우리를 끌고 갔다. 제일 뒤처져서 네비게이션도 없이 에어컨도 못 켜고 경운기처럼 달달거리며 겨우 따라갔다. 더운데 창문은 왜 내리고 가느냐고 맏동서가 물었을 때도 우리 부부는 차마 에어컨이 안 된다는 말은 못하고 "에어컨 바람 싫어한다. 자연바람이 좋다."는 말로 넘기고 말았다.

짐이 모두 우리 차에 있어서 그날 처가 식구들은 아무것도 못 먹고 우리가 도착할 때까지 한참을 기다려야 했다. 도착해서는 길을 몰라서 늦었다고 말했지만 아내는 부끄럽고 미안한 티를 안 내려고 속으로 많이 참고 참았던 모양이다. 그때가 경제적으로도 어려웠고 우리 형편이 가장 안 좋을 때여서 더 그랬을 것이다. 그때 나는 마흔 살 전에 꼭 우리나라에서 제일 좋은 차를 타고 말겠다고 마음먹었던 것 같다.

신혼 때 빌라를 얻어 살 때 일이다. 집들이를 해야 하는데 집이 구석진데 있어서 손님이 오면 차로 모셔 와야 했다. 그날도 손님들이 차를 나눠 탔는데 손님 한 사람이 남아서 내 다마스에 같이 타야 했다. 다마스에는 운전석과 조수석 딱 두 개인데, 손님이 타면 아내가 앉을 자리가 없었다. 나는 운전을 해야 하니 운전석에 앉고 손님은 손님이니까 조수석에 앉혔다. 그리고 아내는 뒤 짐칸에 태웠다. 아내는 그 뒤로 손님이 올 때마다 몇 번을 짐칸 복사용지 위에 앉아서 다녀야 했다. 한번은 아내가 자기가 운전을 할 테니 나보고 짐칸에 앉아서 가라는 것이다. 아내가 운전을 해 보더니 "핸들이 돌아가 있는데 그동안 어떻게 운전하고 다녔냐?"며 깜짝 놀랐다. 사실 그전부터 핸들이 돌아가 고장 나 있었지만, 수리비용이 많이 나와서 살짝 삐뚤어진 채로 운전을 해 왔다. 그렇게 운전하다 보니 나는 손에 익어 늘 신경 쓰면서 운전하기 때문에 아무렇지도 않았는데 아내는 그렇지 않았던 모양이다. 수리비 몇 십만 원이 부담이 되어 늘 위험을 무릅 쓰고 배달을 다녔었다. 지금도 그때 서로 짐칸에 태웠다고 불평 아닌 불평을 하지만 지나고 나니 다 재미있는 추억이 되었다.

02

인생에서
가장 중요한 시험

일적인 면에서는 자신감이 넘치고 아이디어가 번뜩이지만 생활적인 면에서 나는 다소 무디고 고지식한 편이다. 그런 걸 보면 사람이 다 잘 할 수 없다고 생각한다. 문화생활도 즐길 줄을 모르고 앞만 보고 직진만 하는 이런 나를 다 받아주고 이해해준 사람은 바로 아내였다. 요즘 여자들 같았으면 가슴을 치며 답답해했을지도 모른다.

　연애 시절에 나는 돈도 없고 아는 것도 없는 놈이었다. 교회생활 10년간 세상과 단절되어 있었기 때문에 제대로 된 문화생활을 해본 적이 없었고 세상이 어떻게 돌아가는지도 잘 몰랐다. 그러니 데이트를 하면 남자가 리드를 해야 하는데 우리는 늘 아내가 나를 여기저기 데리고 다녔다.

한 번은 락 콘서트를 따라갔다. 어쨌든 공연장이니 나름 차려입고 나갔다. 늘 매던 넥타이를 매고 양복을 입고 공공칠가방을 들었다. 머리에는 포마드를 발라 머리카락 한 올 흐트러짐 없이 단정히 빗었다. 아내는 콘서트 장에 공공칠가방이 웬 말이냐고 타박을 했다. 콘서트 장에 갔는데 마침 우리가 앉아야 할 좌석이 무대가 바로 보이는 제일 앞자리였다. 앞에는 서서 관람하는 스탠딩 관객들이 있고 약간 윗부분에 좌석이 마련되었는데 그 한가운데가 우리 두 사람의 자리였던 것이다. 가수가 보면 제일 잘 보이는 자리였다.

락 가수가 소리를 지르며 노래 부르자 사람들이 일제히 일어나서 춤추고 환호성을 질렀다.

'왜 일어나는 거지? 꼭 일어나야 하나?'

락 콘서트 장을 처음 가니 그 분위기를 몰랐다. 사람들이 모두 일어나 열광했지만 나는 노래도 시끄럽고 어색해 꼿꼿하게 앉아 있었다. 가수가 자꾸 일어나라고 했지만 그냥 감상만 한 것이다.

"오늘 저분을 꼭 일으켜 세우고 말겠습니다."

급기야 가수가 이렇게 고함을 질렀지만 노래가 끝나도록 나는 일어나지 않았다. 왜 내가 일어나야 하는지 이유를 알 수 없었다. 그러니까 공연이 끝나갈 즈음 가수가 아내에게 애인이냐고 물었다. 아내가 고개를 끄덕이자 "정말 대단한 사람을 만나셨네요."라고 했다.

아내는 그때를 회상하며 '마치 국정원에서 나온 사람 같았다'며 웃는다. 만약 지금 락 콘서트 장에 간다면 일어나 열렬히 환호하고 즐겼을 텐데, 그때 인디밴드 락 가수에게 심심한 사과를 드린다.

　운전면허를 하루 앞두고 아내와 음악 카페에 갔다. 그때는 복사 용지 사업을 앞두고 마음이 많이 복잡할 때였다. 일단 운전면허를 따야 배달 일을 할 수 있기에 나에게 운전면허 필기시험은 중요한 시험이어서 열심히 공부했다. 아내가 쪽지를 주며 노래 신청을 하라고 했다. 융통성이나 눈치가 조금이라도 있었으면 그러지는 않았을 텐데 나는 쪽지에다 이렇게 쓰고 말았다.
　"내일 굉장히 중요한 시험을 앞두고 여자친구와 왔습니다. 여자친구를 위해 잠시 시험공부를 접어두고 왔습니다. 신청할 노래는 잘 모르겠으니 알아서 틀어주세요."
　DJ가 읽으며 당황했을 것이다. 아내는 내가 무슨 고시라도 앞두고 있는 것 같았다고 말했다. DJ는 중요한 시험이 무엇인지는 모르겠지만 꼭 잘 보라고 격려해주었다. 그리고 다음 날 나는 운전면허 필기시험에서 만점에 가까운 점수를 받았다. 시험장에서 나는 사람들에게 큰 웃음과 박수를 함께 받았다.

　돌잔치 초대를 받고 가는 길이었다. 마침 처형과 같이 차를 타고 가게 되었다. 가을이라 단풍이 곱게 물들어 있는 것을 보고 처형이 단풍이 곱다며 사진이라도 한 장 찍고 가자고 제안했다. 시계를 보니 돌잔치 시작 시간이 다 되어 가고 있었다. 빨리 가야 시간을 지킬 것 같아 안 된다고 했다. 그러자 처형이 급한 약속이 있느냐고 물었다.

"돌잔치 갑니다. 6시까지 가기로 약속을 해서 시간이 없습니다."

내 말에 처형이 입을 다물지 못했다. 잠깐 내려 사진 찍는데 2~3분이면 되는데 돌잔치 시간에 늦을까봐 안 된다니 지금 생각하면 처형이 놀란 이유를 알 것도 같다. 처형이 나중에 아내에게 이렇게 말했다고 한다.

"최 서방 진짜 독하더라. 돌잔치에 딱 시간 맞춰 가는 사람이 어디 있다고…… 하하……."

지금도 나는 약속 일이십 분 전에는 나간다. 차가 막히면 막힐 것을 감안해서 나간다. 내가 늦으면 상대방의 시간을 잡아먹게 되고 상대방은 시간적 손해를 보게 되니 실례가 되기 때문이다. 하지만 지금은 융통성을 발휘해야 할 때가 있다는 것을 너무도 잘 아는 나이가 되었다.

배달 일을 할 때 아침 7시에 일어나 샤워를 하고 출근준비를 했다. 무점포에 배달일이라 배달이 들어오면 나가도 상관없지만 그러지 않았다. 출근할 곳이 없어도 8시 전에는 모든 준비를 마치고 전화기 앞에 앉았다. 전화가 오면 바로 나가기 위해서이다. 그리고 일찍 일어나 목소리를 가다듬어 놓지 않으면 주문 전화를 받을 때 목소리가 갈라지기 때문에 항상 한 시간 전에는 일어나야 했다. 사람은 움직이는 중에 전화를 받아야 진짜 일하는 사람의 목소리가 나온다. 나는 목소리 관리까지 했다.

그리고 항상 넥타이를 맸다. 배달도 하고 영업도 해야 하는데 허름한 것보다야 깔끔한 것이 낫지 않은가. 넥타이 매고 조끼입고 들어가면 받아들이는 입장에서도 정중하게 대하는 것 같았다. 내가 있어 보이면 상대도 있게 대하고, 내가 없어 보이면 상대도 없이 대한다는 것을 알고 있었기에 항상 넥타이만은 꼭 매고 다녔다. 더운 여름에도 그랬다.

그런 내 모습을 보며 아내는 내가 존경스럽고 신기했다고 한다. 비록 자상하지도 다정다감하지도 않지만 원리원칙을 지킨다는 믿음을 주었고, 무슨 일을 하던 꼭 성공할 사람이라는 인상을 받았다고 한다. 이런 고지식했던 내 모습을 존경의 눈으로 바라봐 준 아내야말로 나의 천생배필이 아닌가 생각한다.

03

세상에서 가장
아름다운 꽃다발

아내와 연애할 때의 일이다. 3월에 아내 생일을 앞두고 무슨 선물을 살까 고민을 했다. 아내가 사무실 여직원이 남자친구에게 꽃바구니를 받고 자랑한 얘기를 하며 부러워하는 눈치였다. 그래서 나도 생일에 꽃을 사 주어야겠다고 생각했다.

아내의 생일날도 배달이 많았다. 마침 계명대 앞을 지날 때 꽃집이 보여 가는 길에 갖다 주려 꽃을 샀다. 한 번도 꽃을 선물해 본 적이 없는 데다 바빠서 어떤 꽃이 예쁜지 고를 시간도 없었다. 나는 얼른 내려서 보이는 대로 꽃다발을 샀다.

아내 회사 앞에 다마스를 세우고 꽃다발을 들고 내렸다. 사무실에 들어가니 누구냐고 묻기에 "정미 씨 남자 친굽니다."라고 당당히 대답했다. 그런데 아내는 내가 생각한 것만큼 반기지 않았다. 바쁜 시간 내서 꽃까지 사왔는데 "다시는 이런 짓 하지 마라."는 말만 돌아왔다. 도대체 내가 무엇을 잘못했는지 알 수 없었다.

나중에 아내가 그때 이야기를 할 때까지도 왜 그렇게 말했는지 몰랐다. 아내는 배달 조끼를 입고 이름 모를 꽃을 한 아름 들고 들어오는 내가 부끄러웠던 것이다. 남들 눈에 좀 멋있는 남자친구로 보이기를 바랐는데 깡마른 몸에 얼굴은 시꺼멓게 그을려 있고 땀에 절어서 들어오니 남자친구라기보다 배달 다니는 배달원처럼 보였던 모양이다. 거기다 자가용도 아닌 다마스까지 끌고 오니 아내는 제발 내가 회사에 안 찾아와 주었으면 했단다. 꽃도 장미꽃이나 안개꽃같이 여자들이 좋아하는 꽃이 아니라 이름도 모르는 이상한 꽃을 사왔는데 그마저 시들시들했단다. 나는 솔직히 그때 무슨 꽃을 사갔는지 자세히 기억나지 않는다. 아내가 싫다고 했지만 그 뒤로도 나는 몇 번을 꽃을 사들고 갔다.

꽃 얘기를 하면 계속 꽃만 사다주니 아내는 그 뒤로 나에게 뭔가 해달라고 하는 것이 겁이 났다고 한다. 주변 상황이나 분위기를 파악하지 못하고 하나부터 열까지 다 가르쳐 주어야 하고 가르쳐 주지 않으면 아무것도 모르니 점점 남자친구에게 바라는 것이 없어졌다고 했다. 당시는 여자친구에게 해줄 수 있는 이벤트를 딱 한 가지만 알고 있었던 셈이다.

꽃을 몇 번 사 주니까 아내는 자기가 좋아하는 꽃과 함께 구체적으로 여러 요구사항을 설명해 주었다.

"나는 이런 꽃이 좋다. 꽃다발을 좋아하지는 않지만 굳이 사야 한다면 차라리 꽃바구니를 사 달라. 사무실에 오지 말고 배달을 시켜 달라. 꽃을 보내려면 카드도 적어 주면 좋겠다."

이런 내용이었다.

하루는 빵을 먹으면서 이야기를 하다가 말다툼을 했다. 화가 난 아내는 빵을 먹다 가버렸다. 화해는 해야겠는데 전화하기는 멋쩍고 마침 아내가 꽃바구니 사달라고 했던 것이 기억나 아내 말대로 꽃 배달을 시켰다.

카드에는 "네가 어제 먹던 빵 그대로 있다. 와서 먹어라!" 이렇게 썼다. 미안하다고 말하고 싶었지만 이상하게 그런 말을 하는 게 쉽지가 않았다. 그렇게 써 놓으면 대충 내 마음을 이해해 줄 것으로 알았다.

아내가 기뻐할 것이라 생각했는데 아내의 반응은 싸늘했다. 아내 회사에 꽃바구니가 배달되자 여직원들이 우르르 몰려와 부러워했던 모양이다. 아내는 어제 싸웠기 때문에 '미안하다, 사랑한다'는 말을 기대하고 사람들 앞에서 카드를 펼쳤는데 '와서 빵 먹어라'는 엉뚱한 말이 적혀 있으니 직장 동료들이 "네 남자친구 참 특이하구나."라며 옆에서 모두 어색하게 웃었다고 한다. 지금 생각하면 시트콤 같은 이야기이다.

또 가끔씩 아내 회사 여직원들은 점심시간에 모여 앉아 그 자리에서 자기 남자친구들에게 전화를 하곤 했다. 나는 당시 주문 전화가 언제 올지 몰라 전화를 제대로 받아 줄 수 없었다. 배달 다니느라 바쁘고 배달 전화가 언제 올지도 모르는 상황에서 한가하게 여자친구와 수다를 떨고 있을 상황이 아니었다. 그러니 여자친구 전화가 오면 끊기 바빴다. 여자친구와는 일을 마치고 나중에 전화를 하면 되기 때문이다. 그런데 아내 회사 여직원들은 전화만 하면 끊으라고 하는 내가 이상했던 것이다. 아내의 동료들은 "남자친구가 좀 이상하다. 사랑하지 않는다, 네가 남자를 처음 사귀어 봐서 잘 모른다."는 등 여러 가지 말로 아내를 설득했지만 아내는 사람들이 옆에서 어떤 말을 해도 나에 대한 믿음이 있었다고 한다.

아내는 말만 번지르르하고 자기 절제나 통제를 못하는 사람을 싫어했는데 나는 표현이 서투르고 잘해 주지는 않아도 진심이 느껴져서 좋았다고 한다. 생활능력이 있고 자기 절제를 잘 하고, 무엇보다 약속을 잘 지키는 모습에 믿음이 가서 끝까지 내 곁에 있어 주었노라고 말했다. 그리고 워낙 잘 모르고 못하는 사람인데 가르쳐 준 일에 대해서만큼은 열심히 잘해 주려고 노력하니 더 크게 감동을 받게 되더라고 했다. 이런 것을 보면 나도 나름 매력 있는 사람 아닌가. 누가 뭐라 해도 나는 로맨티스트라 생각한다.

04

당신이 가지
슈퍼에

아내는 매장에서 장사를 하고 나는 배달 일을 다니며 수입이 점점 늘어날 때였다. 나는 하루 종일 서른 군데 이상 배달과 영업을 다녀야 했고, 아내는 매장에서 판매, 재고정리는 물론 잉크충전도 함께해야 했다. 당시에는 아이도 없었다. 아이가 생기지 않아서가 아니라 일이 너무 많아서 아이를 낳을 엄두를 못 내고 있었다. 그 정도로 바쁜 하루하루를 보내고 있었다.

  아침부터 서른 군데 넘게 배달을 다니다 보면 땀은 범벅이 되고 아침에 깨끗하게 갈아입고 갔던 옷은 추레하니 행색이 말이 아니었다. 여름이면 온몸에서 쉰내가 날 정도였으니 퇴근 시간이 되면 어떤 모습인지 상상이 갈 것이다.

아내는 아내대로 잉크충전하느라 옷 여기저기 잉크방울이 튀어 있고, 손이며 손톱이 새까맣게 변해 누구 앞에 손을 내밀기조차 민망한 꼴이 되었다. 손에 잉크가 묻은 줄도 모르고 얼굴을 만지거나 땀을 닦으면 얼굴 여기저기에도 시꺼먼 자국이 남아 모르는 사람들은 '저 여자가 무슨 일을 하는 사람인가?' 할 정도였다.

늦은 밤까지 일을 하고 차에 오르는 우리 부부의 모습은 마치 험한 일용직 일을 마치고 돌아가는 사람들 같았다. 빵빵한 지갑만 빼면 말이다. 그날 매출을 가게에 둘 수 없어 매일 돈다발을 들고 퇴근을 했는데, 그 때문에 퇴근길 지갑만은 여느 갑부 부럽지 않을 정도였다.

고단한 일과를 마치면 밤 10시, 시원한 맥주 한 잔이 간절해진다. 슈퍼에 들러 맥주 한 병이라도 사서 가려고 슈퍼 앞에 차를 세우고는 우리 부부는 늘 서로 가서 사오라며 등을 떠민다.

슈퍼에 가려고 룸미러를 보면 얼굴에는 피로감이 가득하고 옷은 땀에 절었으며, 머리카락은 헝클어져 있다. 그때야 비로소 내 모습을 제대로 보는 셈이다. 평소 깔끔한 성격이라 그런 모습으로 슈퍼에 들어갔다가는 오해받을 것 같기도 하고 귀찮기도 해서 아내에게 사오라고 시킨다. 아내도 마찬가지다. 손톱 밑은 새까맣고, 얼굴에도 거뭇거뭇 잉크가 묻어 있으니 선뜻 슈퍼에 가기가 꺼려졌던 모양이다.

어쨌든 누군가 내려 슈퍼에 들어가면 남루한 사람들이 지갑은 어찌나 두꺼운지 오히려 슈퍼주인의 눈치를 살펴야 하는 이상한 광경이 벌어진다. 나쁜 짓 한 것도 아닌데 얼마나 부끄러운지, 지금은 옛날 이야기하며 웃고 만다.

더운 날 대구의 신천동 도로를 가다보면 다리 밑에서는 사람들이 한가하게 막걸리나 캔맥주를 마시고 노는 모습이 눈에 들어온다.

"저 시원한 맥주 한 모금만 마셔봤으면……."

그곳을 지나칠 때마다 여유롭게 술을 마시는 사람들이 얼마나 부러웠는지 모른다. 나는 마른침만 삼키고 지나쳐야 했다. 지금 직원들한테 하루에 10군데 배달을 다니라고 하면 힘들어하는 것을 본다. 하지만 그때는 나 혼자 서른 군데 이상씩 다녔으니 얼마나 바빴으면 오후 5~6시 전까지는 쉴 시간이 거의 없었다.

한 번은 이런 일도 있었다. 아내가 아가씨인 줄 알고 접근한 남자고객이 있었다. 아내가 결혼을 했다고 했더니 그 남자 고객은 아내에게 이렇게 말했다고 한다.

"하루 종일 배달을 다녀 얼굴도 제대로 못 본다면서, 그런 남편을 어찌 믿으세요? 남편이 몰래 무슨 짓을 하고 다니는 거 틀림없어요. 사람이라면 그렇게 일을 할 수가 없어요."

아내는 속으로 "2~30군데 배달 다니는 것도 힘든데, 거기다 중간중간 영업하고 주문 전화받고, 물건 떼러 도매상에도 들러야 하는데, 딴짓을 할 시간이 있을까?"라는 생각이 먼저 들었고 오히려 바쁘게 사는 내 모습이 대단하다는 생각을 했다고 한다.

우리 부부는 매일매일 힘들게 일해도 잘 싸우지는 않았다. 솔직히 싸울 시간이 없었다. 8시30분에 가게 문을 열면 밤 9시에 가게 문을 닫았고, 퇴근 후에는 10시까지 근처 명상센터에서 기수련 및 불교공부를 했다. 11시가 다 되어 집에 들어오면 둘 다 지쳐 아무것도 할 수 없는 상태가 되었다. 싸울 일이 있어도 에너지가 고갈된 상태에서 싸움도 안 됐다. 일요일도 아무것도 못했다. 남들은 휴일이면 놀러도 가고 하지만 아내는 아내대로 나는 나대로 집에서 해야 할 일도 있고, 그래서 휴일다운 휴일을 가져본 적이 거의 없었다.

여름휴가도 개념이 없다. 휴가를 안 가봤으니 남들이 여름휴가 간다고 하면 "아, 그런 게 있나 보다"는 생각만 했다.

하지만 그렇게 힘들었어도 하루도 가게 문을 늦게 열거나, 일찍 닫아본 적이 없다. 그만큼 우리 부부는 하루하루 최선을 다했다. 다다오피스가 이만큼 성장하기까지는 아내와 나의 땀과 눈물이 절반 이상이라고 보면 된다. 그런 힘든 여정을 함께 해준 아내가 고마울 따름이다.

05
이 결혼
반대일세!!

장모님은 처음부터 나를 사윗감으로 탐탁지 않게 생각하셨다. 아내 말로는 '아무것도 없는 남자'라고 나에 대해 얘기했을 때 장모님은 설마 10원도 없는 남자인 줄 몰랐다고 하셨다. 많지는 않아도 보증금이나 장사해서 벌어 놓은 돈이 조금은 있겠지 생각하셨는데 진짜 아무것도 없는 것을 아시고는 결혼을 극구 반대하셨다. 아는 교회 오빠인데 차 한 대 끌고 장사를 다닌다고 하니 아예 집에도 데리고 오지 말라고 하셨단다.

"네가 남자를 처음 사귀어 봐서 모른다. 가진 것 없는 사람 네가 성공시키려고 하면 나중에 너만 고생한다. 너는 평강공주가 아니다. 헤어져라."

어느 날 아내가 와서 어머니가 이런 이유로 결혼을 반대한다고 말했다.

가진 것 없는 놈한테 가진 것 없다고 말하는 것이 틀린 말도 아니고 부모된 입장이라면 그럴 수도 있겠다는 생각은 들었지만 자존심은 많이 상했다. 꼭 성공해서 보란 듯 장모님 앞에 서고 싶었지만 당장은 보여줄 수 있는 게 아무것도 없었다. 일이 안정되기까지 1년이 될지 10년이 될지 모르는 상황에서 혼기가 꽉 찬 아내를 마냥 붙잡고 있는 것도 염치없고 남자답지 못하다는 생각도 들어 머리가 많이 복잡했다. 가장 어려울 때 옆에서 도와준 사람인데 아내마저 떠난다면 솔직히 나는 그 뒤를 생각하기도 싫었다.

"네 엄마 말이 맞다. 네가 가고 싶으면 언제든지 보내 줄 테니 네 발로 가라. 근데 분명 후회는 할 끼다. 왜냐하면 내 옆에 있는 사람은 무조건 행복하게 돼 있으니까."

경상도 남자라 그런지 나는 이럴 때 예쁘게 말을 못한다. 이 말은 곧 "내가 행복하게 해줄 테니 내 옆에 있어 달라."는 말이었다. 그리고 또 나는 이렇게 말했다.

"나는 너 안 잡는다. 성공하면 분명히 여자들이 줄을 설 텐데, 그때 가서 뒤에 줄 서지 말고 옆에 있을 때 붙어 있어라."

이 말은 곧 "가지 말고 내 곁에 있어 달라."는 말이다. 내가 그렇게 튕긴 것은 기다려 달라는 말조차 할 수 없을 정도로 너무 가진 게 없어서 비굴해지기 싫어서 그런 것이다. 마지막 자존심은 지키고 싶었다.

아내는 가지 말라고 붙잡아 주길 원했다고 한다. "조금만 참고 기다려 달라."는 말을 기대했는데 그런 식으로 나오니까 섭섭했다고 했다. 뭘 믿고 저렇게 건방지나 하는 생각이 들다가도 너무 당당해서 오히려 내 곁을 떠나면 진짜 후회할 것 같은 생각이 들었단다. 인연이라는 것이 있는 것인지 결국 아내는 나를 떠나지 않았다.

그렇게 3년을 사귀고 있을 무렵 아내가 식구들이 다 모여 있으니 인사나 하고 가라며 나를 자기 집으로 끌고 들어갔다. 아내를 만나러 왔다가 준비도 없이 들어간 것이다. 설날 다음 날이라 장모님을 보고 인사 겸 해서 절을 올리려 했다. 그런데 장모님이 절은 절대 하지 말라는 것이다. 앞으로 어떻게 될지도 모르는 사이니 절을 받기가 부담스럽다고 했다.

안 그래도 장모님이 나를 좋아하지 않는다는 것을 알고 있었는데 그렇게 대하시니 속으로 당황스러웠지만 넉살 좋게 웃고 말았다. 당황스런 상황이었지만 장모님 마음을 어느 정도 이해할 수 있었기에 그렇게 화가 나지는 않았다.

결혼 이후 아내는 일이 바빠 친정에 자주 가지 못했다. 어쩌다 장모님이 찾아오면 아내는 일 때문에 장모님을 제대로 대접해 주지도 못했다. 그때마다 장모님은 마음 아파했다. 어쩌면 끝까지 결혼을 반대하지 못한 것을 후회하셨을지도 모른다. 하지만 점점 사업체가 커지고 여유를 찾아가는 것을 보면서 흐뭇해하셨다. 나에 대한 편견도 없어지셨고 오히려 나의 마음 씀씀이를 칭찬하시기도 했다.

결혼 10년쯤 되었을 때는 40평 대 아파트로 이사를 했다. 누구보다 장모님이 제일 많이 기뻐하셨다. 아무것도 없이 시작해서 형제들 중에 가장 잘 살고 있어 지금은 장모님의 사랑을 듬뿍 받고 있다. 이렇게 잘 사는 모습을 보여드릴 수 있어서 얼마나 다행인지 모르겠다.

06

아내는내게
선물 같은 존재

99년 봄은 하루에 만 원도 벌고, 이만 원도 벌 때였다. 아내에게 처음 50만 원을 빌리고 매일 일수를 찍으며 갚아 나가고 있었다. 일수를 찍으며 우리는 거의 매일 만났다. 하루는 동성로 거리를 걷다가 신발 가게를 지나치게 되었다. 아내가 운동화를 보면서 예쁘다고 하기에 그냥 지나칠 수 없었다. 얼마냐고 물었더니 만 원이라고 했다. 마침 주머니에 딱 만 원짜리 한 장이 있었다. 그날 순수익이 만 원이었다. 그 돈으로 아내를 위해 뭔가 할 수 있다는 것이 기뻤다. 남색의 동글동글한 모양의 운동화가 아내와 닮은 듯 잘 어울렸다. 직접 무릎을 꿇고 앉아 아내에게 운동화를 신기고 끈도 묶어 주었다. 아내의 발이 얼마나 예쁘던지 발도 만져 주었다. 아내는 당

〈아내에게 선물했던 운동화〉

시 신발을 신겨주는 내 표정이 그렇게 행복해 보일 수 없었다며 그때 이야기를 한다. 운동화를 보면 그때 나의 행복했던 얼굴이 떠오른다고 말이다. 아내는 그 운동화를 몇 년을 신고 다녔다. 그리고 그 낡은 운동화는 18년째 신발장에 넣어두고 있다. 아내가 좋아하는 모습을 보니 얼마나 기분이 좋던지 아름다운 추억의 한 장면으로 남았다. 아내는 그때 받았던 선물이 가장 감동적이었다고 한다.

아내와 사귀고 나서 아내의 첫 생일날, 날짜를 제대로 챙기지 못하고 그냥 지나가게 되었다. 아내는 당연히 삐쳐서 말을 하려 하지 않았다. 그런데 그때 미안하다고 했어야 했지만 왜 생일을 꼭 그날 챙겨야 하는지 이해가 안 되었다. 그날 바빠서 못 챙기면 다음 날 챙기면 되는 것 아닌가 생각했다.

"생일을 꼭 그날 챙겨야 하나? 숫자가 그렇게 중요한 건가?"

내가 해맑게 묻자 아내는 할 말을 잃었다. 내 얼굴을 보니 핑계를 대거나 피해 가려고 묻는 것이 아니라 진짜 몰라서 물어보는 것 같았다고 말했다.

"생일은 엄마가 니를 낳은 날인데 고생한 부모님한테 선물해야 되는 것 아닌가?"

내가 생각없이 또 불쑥 말을 하자 아내는 한참을 생각했다고 한다. 어떻게 생각하면 남자친구 말이 맞다는 생각에 아내는 다음 날 선물을 사들고 부모님께 갖다 드렸다고 한다.

아내도 생각하는 것이 좀 남다른 사람이다.

그리고 결혼 10년 동안 아내는 생일 선물로 통닭을 받았다. 당시는 바쁘기도 하고 돈이 없어 선물을 할 마음의 여유를 내지 못했다. 우리 두 사람 모두 통닭을 좋아하니 생일날만 되면 통닭을 한 마리 튀겨 놓고 맥주를 마셨다. 매번 통닭을 사 가니 아내도 생일 선물받는 것을 포기하고 그러려니 했다. 오히려 아내는 똑같은 통닭이라도 생일날 먹는 통닭은 맛이 다르고 느낌이 다르다면서 좋아하기도 했다.

그리고 결혼 10주년이 되었을 때 고생한 아내를 위해 제대로 된 선물을 하나 해주고 싶었다. 여자들이 어떤 선물을 받고 싶어 하는지를 거래처 사모님께 물었더니 명품 가방을 사 주라고 조언해 주었다. 장사도 잘 될 때였으니 돈이 들어도 좋은 선물을 하고 싶었다.

"까짓것, 명품 하나 사 주지 뭐. 그동안 고생했으면 명품 하나 정도는 들어도 되잖아!"

명품 가방과 아내 이름을 새긴 장지갑을 샀다. 비싼 거였고 여자들이 좋아한다니 아내도 기뻐할 줄 알았다. 그런데 아내의 반응은 시큰둥했다. 예상만큼 크게 기뻐하지 않아 오히려 내가 실망스러웠다. 평소 명품이나 반지, 목걸이 이런 것에 관심을 내비친 적은 없었지만 진짜 관심이 없는 줄은 몰랐다. 명품을 가져보지 않았으니 명품의 가치를 몰라서 그런 것인지도 모르겠다.

　"뭐지? 기저귀도 못 넣고 다니겠네." 하며 가방을 이러저리 살폈다. 하지만 아내는 나중에 가방을 사 준 것보다 선물을 사기 위해 누군가에게 물어보고 어떤 것을 살까 고민했다는 그 사실 자체가 고마웠다고 했다. 아내는 선물보다 마음을 받는 것이 더 행복했다고 한다. 지금까지 아내에게 가장 감동을 준 선물은 만 원짜리 운동화였다.

　결혼을 하고 쇼핑몰이 안정될 때까지 내 머릿속에는 일 생각밖에 없었다. 그래서 아내에게도 소홀했던 점이 많았다. 큰 아량으로 이해해 주는 아내에 대한 고마움은 늘 한결같다. 한 번은 아내에게 무엇을 받고 싶으냐고 물었더니 값비싼 물건은 필요 없고 정성스러운 편지 두 장만 써 달라고 했다. 그래서 나는 고민해서 편지를 써 주었는데 편지를 읽은 아내가 편지가 아닌 '인생설계 기획서'같다고 하면서 피식 웃어 버렸던 적이 있다.

　"내가 사업을 어떤 방법으로 확장해서 언제까지 사모님 소리를 듣게 해주겠다. 나는 꼭 성공할 것이다. 豚(돼지, 나는 돼지띠다)이 돈을 얼마나 버는지 옆에서 지켜 봐 달라."

　대충 이런 내용이었다.

　평소 시집을 즐겨 읽던 아내였으니 이런 딱딱한 내용의 편지가 마음에 와 닿을 리가 없었다. 아내가 바라는 것이 큰 것이 아니라는 것을 알면서도 매번 실수만 하니 아내에게 그저 미안할 뿐이다. 아내야말로 신께서 내게 주선 선물이 아닌가 생각한다.

07

그놈
효자다!

나는 어떤 일에 빠지면 끝장을 보는 성미라 다른 건 생각해 보거나 돌아보지 못한다. 오로지 그 일에만 매달리는 성격이라 가정생활을 많이 챙기지 못한 건 사실이다. 그런 빈자리를 아내가 모두 채워주었다.

아이도 결혼 7년간 낳을 엄두를 못 냈다. 일이 너무 바쁘니 아이를 가지면 이도저도 안 될 것 같아 미루고 미룬 것이 7년이 걸린 셈이다. 처가는 처가대로 부모님은 부모님대로 왜 아이를 갖지 않느냐며 재촉하셨다. 1~2년도 아니고 7년이란 긴 시간이 흐르니 양가 부모님은 걱정에 애를 태우셨을 것이다. 그러다 7년 만에 아이를 가졌다. 하필 그때가 인터넷 쇼핑몰을 시작할 무렵이어서 가장 바빴던 때이기도 했다. 아이를 가졌다는 소식에 기쁜 마음이야 누구보다 컸지만 임신한 아내 곁에서 함께 기뻐할 여유가 없었다.

내 머릿속에는 쇼핑몰 홈페이지를 어떻게 업데이트시켜 나갈까 아이디어를 짜내느라 바빴고 마케팅은 어떻게 할 것인지, 다른 쇼핑몰은 어떻게 하고 있는지를 배우러 다녀야 해 몸이 열 개라도 모자랄 지경이었다. 유능한 프로그래머와 광고기획자를 만나야 하고 기존 쇼핑몰 관계자들을 만나느라 일주일에 절반 이상을 집에 들어가지 못한 때도 많았다.

아내도 배가 부른 상태로 일을 계속했다. 출산일이 다가와도 일을 손에서 놓을 수가 없었다. 그래서 그때 우리 부부에게는 작은 소원이 생겼다.

"이 아이가 일요일에 태어났으면……."

일주일 중 쉬는 날이 일요일 하루뿐이니 그날 아이가 태어나야 내가 병원에라도 갈 수 있을 것 같았다. 아내도 마찬가지로 토요일 저녁이나 일요일 아침에 태어나기를 바랐다. 그날 하루만이라도 마음 편하게 쉬고 싶다는 소박한 마음에서였다. 남들은 출산이 임박하면 친정에 가서 어머니의 보살핌도 받고 남편도 실컷 부려먹어 보고 한다는데 내 아내는 일찌감치 그런 것들은 포기한 듯 보였다.

"응애~!"

2007년 12월 16일, 드디어 나의 첫 아들이 태어났다. 일요일 새벽 5시였다. 다행히 쉬는 날이라 병원에 갈 수 있었다.

"그놈 효자다!"

내가 아이를 보고 처음 한 말이다. 엄마 아빠가 바쁜 것을 알고 알아서 일요일에 태어나 주니 얼마나 고마웠는지 모른다. 아이를 처음 보았을 때의 벅찬 감정이야말로 이루 다 표현할 수 없다. 그날 하루 아들 덕에 병원을 오가며 쉬었다. 하지만 다음 날부터는 병원에도 못 갔다.

아내의 산후조리를 위해 산모 도우미를 불렀다. 나는 당시 집에도 못 들어갈 정도로 미팅이 많이 잡혀 있었고 새로운 아이디어를 쇼핑몰 홈페이지에 적용시키려 백방으로 돌아다닐 때였다. 겨우 점심시간에 한 번 들러 아이 얼굴이나 보는 정도였다.

하루는 집에서 점심도 먹고 아이도 볼 겸 해서 들렀다. 아이는 아내 곁에서 새근새근 잠들어 있었다. 아이의 얼굴을 보는 그 순간만큼은 모든 피로가 풀리고 긴장감이 사라지는 것 같았다. 아내와 둘이 식탁에 앉아 점심을 먹으면서 이런저런 이야기를 하다가 결국에는 일 이야기를 한 모양이었다. 홈페이지를 새로 구축하면서 어떤 아이디어를 접목시켰는지 홍보비는 어떻게 썼는지 아내에게 말하기 시작했다. 아내도 회사 일이 걱정이 되어 이것저것 물었다. 우리 둘은 식탁을 사이에 두고 회사일 이야기만 했다. 그것을 본 산모 도우미가 아내에게 "아기를 보기 위해 낮에도 들어오는 것을 보고 무척 가정적인 아빠라고 생각했는데 알고 보니 와서 일 이야기만 하느냐."고 했다고 한다.

아내는 그런 나를 끝까지 믿고 이해해 주었다. 둘째가 태어났을 때도 거의 아내 혼자서 키웠다. 남편 원망도 많이 하고 속상했을 것이다. 아내는 너무 힘들어서 법륜 스님 테이프를 꺼내 도 닦는 심정으로 들었다고 한다. 남편 일을 아예 모르면 화를 퍼부을 수 있을 것 같은데 남편이 고생하고 다니는 것을 너무도 잘 알아서 화도 못 냈다는 말에 가슴이 찡했었다.

아내가 그렇게 믿어 주었기에 내가 쇼핑몰에 집중할 수 있었고 그래서 단시간에 대한민국 1위를 할 수 있었다. 그 뒤로 계속 1위를 유지했으니 아마도 우리 두 아이가 복덩이가 아닌가 생각한다. 아내의 희생은 두말할 필요도 없다. 가장 큰 복덩이는 물론 아내이다.

〈나의 가족사진〉

08

어머니는
부처님 반 토막

내 어머니를 아는 사람들은 '부처님 반 토막' 같은 분이라고 말들
한다. 아내는 나에게 불만이 생겼다가도 시부모님을 생각하면 저런
시부모님 밑에서 자랐으니 절대 나쁜 일 하고 다닐 사람은 아닐 것
이라며 마음을 다 잡았다고 한다.

　며느리와 시어머니가 어떤 사이인가. 고부간 갈등 때문에 시끄러
운 집이 더 많지 않은가. 그런데 아내는 나보다 어머니를 더 믿고 따
른다. 형수들이나 제수씨도 우리 집 며느리들은 시어머니에게 불만
같은 것은 전혀 없다고 말한다.

　내가 아내를 처음 데리고 갔을 때가 떠오른다. 부모님은 내 나이

가 서른이 다 되어 가니 빨리 결혼을 하기를 바라셨다. 내려갈 때마다 여자친구가 없는지 물으셨고 하루는 아내에게 한 번만 가서 인사만 해달라고 졸랐다. 당시는 사귈 때가 아니어서 아내는 많이 망설였지만 내 마음에는 이미 내 아내가 될 사람으로 확신했던 터였다.

그래서 그때 내가 이렇게 말했다.

"네가 안 가면 다른 여자 데리고 간다. 근데 우리 부모님이 너 같은 인상을 좋아하니까 나는 네가 가주면 좋겠다."

반 협박으로 아내의 승낙을 받아냈다. 그리고 시골에 내려갔더니 친척들이 다 모여 있었다. 아내는 부모님만 계실 줄 알았는데 친척들까지 다 와 계시니까 이러다가 진짜 결혼하는 것은 아닌가 당황스러웠단다. 하지만 부모님과 친척들이 얼마나 잘해 주시는지 이 집에 시집 오면 참 좋겠다는 생각으로 바뀌었다고 한다. 어머니는 아내가 일을 도우려고 하면 엉덩이가 가벼워서 참 예쁘다고 하시고, 웃으면 웃는 모습이 복스럽다고 칭찬하셨다.

아들이 처음 여자친구를 데려오면 부모님이 어떤 분인지, 직장은 어디 다니는지 이것저것 물어볼 법도 한데 어머니는 아내에게 딱 한가지만 물으셨다.

"너 우리 인규 좋아하나?"

아내가 "네"라고 대답하자 어머니는 "그라마 됐다."하시며 더 이상 아무것도 묻지 않으셨다. 아내가 결혼 결심을 한 것도 어쩌면 우리 부모님 덕분이 아닐까 한다.

어머니는 한 번도 잘못한 일을 지적하시거나 고치라는 말씀을 하시지 않았다. 항상 좋은 것만 골라서 칭찬하셨다. 손주가 호기심이 많아 이것저것 끄집어내 어질러 놓으면 야단은커녕 "야가 하는 짓이 다른 아하고 다르다. 장차 크게 될 끼다."라고 칭찬하신다.

며느리가 웃으면 "니가 그렇게 맨날 웃으니까 애들도 잘 크고 복도 받는 기다."라고 하신다.

내가 어머니 쓰시라고 용돈을 부쳐 드리면 어머니는 꼭 아내에게 전화를 한다. 아내는 아들이 주는 용돈이니 맘 편히 쓰시라고 하는데도 어머니는 "아가, 인규가 용돈을 주고 싶어도 니가 싫다고 하면 못주는 긴데, 니가 그리 마음을 써주니 고맙다."고 하신다.

아들네 집에 올 때도 한 번도 불쑥불쑥 찾아오는 법이 없으시다. 오실 때는 항상 전화를 해 보고 오시고 아들 집에 와서도 며느리 허락 없이 냉장고 문 한 번을 안 열어 보시는 분이다. 냉장고뿐만 아니라 며느리 몰래 살림살이를 들추어 보시는 법이 없다. 며느리가 살림을 엉망으로 해도 거기에 대해 잔소리 한마디를 안 하신다.

언젠가 어머니가 석 달간 우리 집에 오셔서 살림을 대신 살아준 적이 있었다. 아내가 저녁 늦게 퇴근하면 밥도 차려주시고 아침에 못 일어나도 깨우지 않으셨다. 오히려 며느리가 깰까봐 조심조심 아침을 차리셨다. 며느리가 퇴근하고 들어왔는데 집안이 더러우면 청소를 못해 났다며 오히려 미안해하셨다. 나는 아내가 한 번도 시어머니에 대해 싫은 소리하는 것을 들어본 적이 없다. 그것은 다른 며느리들도 마찬가지다.

　우리 형제들은 부부싸움을 하면 며느리들이 모두 시어머니에게 전화를 한다. 아들이 이런, 이런 잘못을 해서 싸웠다며 시어머니에게 이르면 어머니는 다음 날 우리 아들들만 혼을 내신다. "네가 잘해야지 며느리가 잘 하지."라고 하시면서 말이다. 그렇게 하시니 고부간에도 불평불만이 없고 형제지간도 사이가 좋을 수밖에 없다.

　어머니는 배운 것도 없는 분이시지만 정의롭고 사리 분별이 분명하시다. 남자로 태어나셨으면 장군감으로 큰일을 하셨을 것이다. 가난한 살림에도 육남매가 모두 잘 자라 잘 살고 있는 것은 모두 어머니가 쌓아 놓으신 음덕 때문이라고 해도 과언이 아니다.

　어머니의 삶 자체가 나에게는 감동이다. 비록 물질적으로 풍요로운 가정에서 자라지는 못했지만 어머니의 아들로 태어났다는 것만으로 큰 복이 아닌가 생각한다.

　"내 어머니가 되어 주셔서 감사합니다!"

　어머니에 대한 내 진심이다.

09

나를 이끌어준
소중한 인연들

소위 말하는 학벌, 배경, 재력도 변변치 않았던 내가 밑바닥 노숙자에서 사업체를 이만큼 일구어 냈다고 하면 듣는 사람 열에 아홉은 놀라움을 금치 못한다. 어떤 사람들은 운이 좋았다고 말하기도 하고 또 어떤 사람은 전생에 나라를 구했냐는 우스갯소리를 하기도 한다. 운이 좋아서인지 전생에 좋은 일을 해서인지 이 생에서 좋은 사람들을 만나게 되어 여기까지 왔다.

　내 삶의 과정에서 드러나지는 않지만 나를 이끌어주고 밀어주고 격려해 준 수많은 사람들이 있었기에 여기까지 온 게 가능했다. 나는 늘 고마움을 잊지 않으려고 한다. 옛날 말에 은혜를 모르면 금수만도 못하다는 말이 있지 않은가. 그 말을 가슴에 품고 인연을 소중히 생각하며 교만하지 않으려 노력한다. 많은 인연이 있지만 내가 가장 어려웠을 때 만났던 최봉형 사장님 얘기를 하고 싶다.

99년 혼자 다마스를 끌고 복사용지 배달을 다닐 때이다. 나는 그 때 '세원상사'라는 복사용지 도매상에서 물건을 받아 팔았다. 처음 일을 시작할 때였으니 가진 거라고는 젊다는 것 하나뿐 아는 것도 없었고, 앞날도 불투명했던 때였다. 어떻게든 일을 열심히 해서 성공해 보겠다는 의지와 일념 하나뿐 옆도 뒤도 돌아볼 수 없는 상황이었다.

그때 세원상사 최봉형 사장님 내외분은 나를 아들처럼 조카처럼 대해 주셨다. 물건을 받으러 가면 꼭 나를 붙잡아 앉히시고 쉬엄쉬엄하라며 먹을 것도 주시고, 등도 다독이며 격려를 아끼지 않으셨다. 또 힘든 일은 없는지, 도와줄 일은 없는지, 자기가 힘든 시절을 어떻게 이겨냈는지를 이야기하며 심적으로도 많은 의지가 되어주었다.

아무것도 없는 젊은 놈이 어떻게든 살아보겠다고 뛰어다니는 모습이 안쓰럽기도 하고 대견하기도 했을 것이다. 힘들어도 늘 밝게 긍정적으로 살아가는 모습이 보기 좋다며 복사용지도 싸게 공급해 주셨다. 그래서 나는 그분을 삼촌이라 부르고 사모님을 숙모님이라고 부르며 따랐고 지금까지도 명절이 되면 직접 선물을 마련해 찾아뵙는 사이가 되었다.

최봉형 사장님은 복사용지 도매업을 그만둔 지 10년이 지났다.

명절날 찾아뵈면 "바쁜데 그만 찾아와도 된다."고 말씀하시지만 내가 가장 힘들었던 시기에 도움을 주셨던 분이기에 잊을 수도 없고 잊어서도 안 된다. 지금 잘 나간다고 어려웠을 때 도움 준 분들을 잊는다면 그건 사람의 도리가 아니기 때문이다.

나중에 안 일이지만 최봉형 사장님은 나를 사윗감으로까지 점찍으셨다고 한다. 당시 연세도 60대였고, 결혼 적령기에 접어든 아들과 딸이 있었다. 딸과 나를 결혼시켜 나에게 업을 물려주려 하셨던 모양이다. 1~2년 지켜보니 성실하고 변함이 없어서 나를 적임자로 생각하셨지만 나는 당시 지금의 아내인 여자친구가 곁에 있었다. 그러니 결혼 이야기를 듣고 정중히 거절할 수밖에 없었다.

생활용품 2MS STORY 정동호 사장님은 생활용품을 접목시키면서 알게 된 분이다. 이분과의 인연도 예사롭지 않다. 복사용지와 문구를 접목시킨 얼마 후였다. 20년 전 같은 교회를 다녔던 한 선배를 정말 우연히 만나게 된 것이다. 내가 이러이러한 사업을 하고 있다고 하니 그 선배가 생활용품을 취급하는 사람이 있는데 한번 만나보겠느냐고 제안해 왔다. 그래서 이분을 만나 생활용품까지 접목시키게 된 것이다. 20년 전 인연이 맺어준 또 다른 인연이었다. 20년 전 그 선배와 좋은 관계를 맺었기에 그 결과가 20년 후에 나타난 것이다. 이런 것을 보면 인연을 함부로 할 수 없다. 언제 어디서 그 인연을 다시 만나게 될지 모르고 그 인연이 씨가 되어 어떻게 나에게 돌아올지 모르기 때문이다.

의지와 열정이 넘친다 해도 이런 분들이 없었다면 여기까지는 오지 못했을지 모른다. 감사한 마음이 희미해지지 않게 하려 늘 가슴에 새롭게 새겨 두고 있다. 소중한 인연들에게 나 또한 소중한 존재로 남았으면 하는 바람으로 실망시켜 드리지 않으려 노력한다.

10

나 혼자는
안 돼

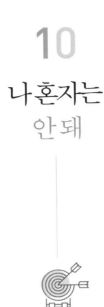

"최인규 대표님 정말 대단하십니다."

사람들은 내가 현재 이루어 놓은 것을 보고 대부분 이렇게 감탄한다. 하지만 혼자 잘난 사람이 어디 있겠는가. 이런 결과물들은 나 혼자서 이룬 것이 아니다. 가까이서는 아내가 도와주었고 애사심으로 똘똘 뭉친 직원들이 있었으며, 좋은 거래처를 소개시켜주고 싸고 품질 좋은 제품들을 나를 믿고 공급해준 거래처 사장님들, 정신적으로 의지가 되어준 많은 분들이 있었기에 가능한 일이었다. 이 자리를 빌려 감사를 드린다.

우리 회사 다다오피스의 사외이사님이자 영남이공대학교 경찰

행정학과 김용현 교수님은 아버지 같은 분이다. 교수님과의 인연은 금오공고 시절부터 시작되는데 금오공고에는 일반학교와 달리 군사학이라는 과목이 있었다. 일반학교의 교련과 비슷한 과목으로 보면 되는데 당시 김 교수님은 군사학 교관이셨다. 그때는 단순히 스승과 제자 사이였는데 교수님을 25년 뒤에 다시 만난 것이다. 그 사이 선생님은 교수님이 되어 있었고 시민사회단체 활동을 하시는 등 대구에서는 여러 방면에서 인지도를 넓히고 계셨다. 2015년에는 한국경찰연구학회 학술상도 수상하시며 경찰정책분야에서도 업적을 쌓고 계신 분이다.

김 교수님은 사회적인 위치 때문인지 발이 넓어 각계각층 사람들을 나에게 소개시켜 주셨다. 큰 사업을 하기 위해서는 다양한 인간관계가 필요하다는 것을 알고 나를 데리고 다니시며 관계망을 넓혀 주셨다. 그리고 수시로 매장에 찾아오셔서 직원들도 격려해 주시고 나에게도 정신적으로 많은 도움과 조언을 해주셨다. 이분도 내가 명절이 되면 직접 선물을 사 들고 가서 찾아뵙는다.

성충문구 임동명 사장님은 내가 복사용지와 문구를 접목시킬 때 문구 쪽 일을 가르쳐 주신 형님 같은 분이다. 문구 쪽에서 30년간 잔뼈가 굵은 분이니 그 방면에서는 전문가 중의 전문가이시다. 문구 쪽 일을 하는 사장들의 모임에 나를 데리고 가서 소개도 시켜 주고 모임 가입도 시켜 주었으며 문구에 대해서 아무것도 모르는 나에게 많은 거래처도 소개시켰다. 또한 본인도 충주에서 문구 도매상을 하면서 싼 가격으로 물건을 공급해 주는 등 많은 도움을 주었다. 내 사업체가 대구에 있어서 대구 쪽 거래처에서 물건을 받는 게 어쩌면 당연한 일이지만 임동명 사장님을 통해 대구에서 물건을 받지 않고 전국의 다양한 곳에서 물건을 받게 되었다. 대구의 한계를 벗어나게 해주신 것이다.

한번은 신학기 행사를 하면서 문구류를 50%까지 싸게 해서 판 적이 있었다. 대구에서는 도매가보다 싼 가격이었다. 그때 대구가 '50% 파격 세일'에 발칵 뒤집혔다. 대구에 한정돼 있었으면 아무도 나에게 그런 가격으로 물건을 공급해주지 못했을 것이다. 임 사장님의 소개로 대구를 벗어난 다양한 지역에서 싸고 좋은 물건을 받을 수 있었기에 가능한 일이었다.

파브카스텔 이현직 사장님은 화방 관련 물품을 취급하시는 분이다. 나는 현재 문구, 잉크/토너, 생활용품에 화방물품까지 망라한 종합쇼핑몰 다다플러스와 화방전문 쇼핑몰을 계획하고 있다. 이분을 통해 화방 관련 전문가들을 만날 수 있었고 이런 계획도 이분의 도움이 있었기에 가능했다.

생소한 업계에 파고들기 위해서는 얼마나 고군분투해야 되는지를 생각하면 이분들의 도움이 얼마나 큰 힘이고 고마운지 모른다. 그러니 내가 잘 나서 성공했다고 감히 말을 할 수 없는 것이다. 지금은 나의 융복합 매장을 칭찬하며 오히려 나에게 조언을 구하기도 한다. 나는 기꺼이 이분들을 도울 것이다. 은혜를 입었으면 어떤 방법으로든 갚아 나가는 게 사람의 도리이자 의리 아니겠는가. 내가 힘이 될 수 있다는 것도 감사하게 생각한다.

임동명, 정동호, 이현직 사장님의 무궁한 발전을 이 책에서 꼭 기원한다.

긍정의 힘과
상상력의 힘

스스로를 신뢰하는 사람만이
다른 사람들에게 성실할 수 있다.

– 에릭 프롬

01

맨발의
청춘

90년대 후반에 유행했던 벅의 '맨발의 청춘'이라는 노래가 있다. 내가 노래방에서 이 노래를 신나게 불렀더니 아내가 눈물을 흘린 적이 있다. 이 노래의 가사가 내가 사는 모습과 너무도 똑같아서 마음이 짠했다고 한다.

이렇다 할 빽도 비전도
지금 당장은 없고
젊은 것 빼면 시체지만
난 꿈이 있어
먼 훗날 내 덕에 호강할

너의 모습 그려봐

밑져야 본전 아니겠니

니 인생 걸어보렴

　　⋮

갈 길이 멀기에 서글픈 나는 지금

맨발의 청춘 우! 아! 우! 아!

나 하지만 여기서 멈추진 않을 거야

간다 와다다다다다다

그저 넌 내 곁에 머문 채

나를 지켜 보면 돼

나 언젠간 너의 앞에 이 세상을

전부 가져다 줄 거야

　　⋮

기죽지는 않아 지금은

남들보다 못해도

급할 건 없어 모든 일엔

때가 있는 법

먼 훗날 성공한 내 모습

그려보니 흐뭇해

그날까지 참는 거야

나의 꿈을 위해

이런 가사로 이루어진 노래다. 지금 보니 정말 내 모습 그대로를 표현한 것 같아 마음 한 구석이 찌릿해져 온다. 노숙을 할 때 깨달은 것이 있다. 내가 내 스스로를 지키지 않으면 아무도 나를 지켜 주지 않는다는 사실이다. 잘 사는 부모님, 학벌, 도와줄 친구는커녕 아무 것도 없었다. 다시 노숙자로 전락하지 않으려면 바로 내가 정신을 똑바로 차려야 했다. 그래서 그때부터 나 자신에게 더 철저해졌다.

나는 한군데 꽂히면 끝장을 봐야 직성이 풀리고, 무엇을 해도 그 분야에서 최고를 해야 한다. 비록 바른 길은 아니었지만 종교에 빠졌을 때도 온몸을 던졌다. 전도하러 다니다 들켜서 주먹도 얻어맞고 쫓겨나 보기도 했고, 한겨울 자꾸 얼어붙는 풀통을 들고 새벽 3~4시까지 교회 전단지를 붙이러 다니다가 개한테 물리기도 했다.

복사용지 사업을 할 때도 내 전부를 쏟아부었고, 골프에서도 남들이 10년 걸려도 하기 힘들다는 73타(원오버)를 3년 만에 해냈다. 그런 것을 보면 주위에서 나만큼 열정이 있는 사람을 잘 보지 못했다.

아마도 이 노래를 불렀을 즈음이 2000년 초반이 아닐까 한다. 그때는 사업이 한창 잘 되고 있을 때라 희망과 꿈에 부풀어 있었다. 수익도 늘고 사업 규모도 확장되니 몸은 힘들었지만 힘든 줄도 몰랐다. 내 뇌의 90% 이상이 일로 가득 채워진 때라고 보면 된다. 낮 시간을 분 단위로 쪼개 써도 모자랄 정도로 1분 1초도 낭비하지 않으려고 했다. 그러니 아내의 눈에는 일에 미친 사람처럼 보였었다고 한다.

아내가 요즘 들어 한결 편안해진 얼굴로 내게 농담조로 하는 말이 있다.

"아침에 머리에 새집지어 나오는 걸 보니 당신도 사람인 게 맞군요."

30대 때 나는 잠을 잘 때도 흐트러짐 없이 잤다. 반듯하게 누워서 손을 가슴에 얹고 자는데, 일어날 때도 자세가 똑같았다. 머리카락도 그대로일 정도로 자는 시간까지도 긴장하고 있었던 것이다. 40대에 접어들어 사업이 어느 정도 궤도에 진입하니까 아침에 일어날 때 머리카락이 흐트러지더란다. 아내는 그 모습을 보고 안심이 됐다고 한다. 그전까지는 로봇 같았다고 했다. 성공이라는 목표에만 초점이 맞춰진 로봇! 그만큼 나는 절실했다.

아내와 나는 차를 타고 다니면서도 일 얘기를 많이 한다. 눈 뜨자마자 사업 얘기를 하고, 차를 타고 집에 도착하는 순간까지도 일 이야기만 하니까 어느 날은 아내가 "제발 좀 조용히 하라"고 화를 내기도 했다. 또 어떤 날은 차를 타고 일 얘기를 하다가 집 앞에 와서도 끝내지를 못해 한 시간이 넘게 차 안에서 이야기를 나눈 적도 있다. 위층에서 우리를 본 옆집 아주머니가 차가 도착해도 사람들이 내리지를 않으니 한참을 이상해서 쳐다봤다고 했다.

앞에서도 몇 번 얘기했지만 친구들과 술을 마셔도 저녁 9시면 들어왔다. 아내는 친구들과 "술을 마시러 나갔으면 최소 10시는 넘겨서 들어와야 되는 것 아니냐"며 오히려 나를 나무랐다. 술을 먹고 흥

청망청하다가 그 다음 날 업무에 지장이 생길까 나는 철저히 나를 통제하던 시기였다.

그래서 그때 생긴 별명이 '신데렐라'였다. 다음 날 아침 8시 출근을 위해 12시 전에는 무조건 집에 들어가야 한다는 나만의 철칙 때문이었다. 나는 한 번도 이를 어겨보지 않았다. 밤에 술자리가 생기면 예의상 딱 한 잔만 받아 마시고는 술을 마시지 않겠다며 잔을 엎어 놓았다. 안 마신다는 데도 계속 권해서 멱살 잡고 싸운 적도 있고, 소주잔을 던져 깨버린 일도 있다. 남들 눈에 나는 '정말 재수없는 놈, 술맛 떨어지는 놈'이었다. 그렇게까지 해야 했던 이유는 먹고 사는 문제가 절실했고, 다시는 차가운 콘크리트 바닥의 악몽을 되풀이하지 않겠다는 다짐 때문이었다.

남들이 말하는 '성공'에는 다 이유가 있다. 그것은 쉽게 이룰 수 있는 것도 아니고, 성공하기 위해서 다 나처럼 하라는 얘기는 더더욱 아니다. 그만큼 간절히 바라고 노력하라는 이야기다. 마음만, 말만 앞세우지 말고 행동으로 그 절실함을 이루기 바란다.

02

장사와
사업의 차이

장사꾼과 사업가는 어떻게 다를까. 당장 눈앞의 이익을 남기려고 하면 장사꾼, 먼 미래를 보고 투자를 할 줄 아는 사람은 사업가라고 내 나름대로 정의를 내려본다. '꾼'이든 '가'든 둘 다 잘하는 것은 맞다. 그러나 그 속에 숨은 마음가짐은 다르다. 나는 늘 사업을 하려면 먼저 손해 보는 자세를 가지라고 강조한다.

예를 들어 식당을 생각해 보자. 음식 장사는 재료를 잘 써야 하는데 싱싱하고 질 좋은 재료를 사려면 우선은 재료비가 많이 든다. 재료비를 아껴보려고 덜 넣거나 신선하지 않은 재료를 쓴다면 장사꾼이다. 돈이 좀 들더라도 재료에 최선을 다한다면 사업가이다.

재료비를 적게 하면 당장 돈이 적게 들어 금전적으로 이득을 볼 수는 있지만 그만큼 맛이 없어지고 맛이 없으면 손님은 다시 오지 않는다. 고객의 만족보다 내 이익이 우선인 경우로 고객의 만족을 위해 하나도 손해 보지 않겠다는 자세이다.

돈이 좀 들더라도 재료에서부터 최선을 다하면 맛이 좋아지고 맛이 좋아지면 손님은 또 식당을 찾게 된다. 당장 재료비가 많이 들어 손해를 보는 것 같아도 장기적으로 보면 재구매로 이어져 이득을 보게 된다. 고객 만족을 먼저 생각했고 고객 만족을 위해 기꺼이 먼저 손해를 본 경우다. 이런 것이 사업가다운 생각이다. 장사꾼은 오래가지 못하지만 사업가는 오래 지속시켜 성공으로 만들어 가기도 한다.

사업을 하다 보니 여행을 하거나 어떤 일을 볼 때 사업가적인 눈으로 바라보는 경우가 종종 있다. "아 참 그거 좋은 아이디어인 걸", "저게 바로 사업의 핵심이지" 하면서 무릎을 치며 환호하기도 한다.

내가 이탈리아 밀라노 광장에서 겪었던 일이다. 친구 세 명과 함께 갔는데 광장이 어찌나 크고 비둘기가 많은지 이국적인 광경에 입을 다물지 못하고 감탄하고 있을 때였다. 서너 명의 흑인이 다가오더니 갑자기 내 앞에 옥수수 알갱이를 뿌리는 게 아닌가. 옥수수를 뿌리니 비둘기 떼들이 날아오는데 수많은 비둘기들이 날아와 앉는 모습이 장관을 이루어 손뼉을 치고 사진도 찍으며 즐거워했다. 흑인이 그 다음에는 손바닥을 툭툭 치면서 하늘을 향해서 벌려 보라고 했다. 시키는 대로 하니 손바닥에 옥수수를 얹어 주었다. 그러자 비둘기들이 이번에는 내 손바닥에 있는 옥수수 알갱이를 먹으려고 수십 마리가 손에도 앉고 팔에도 앉았다. 먼 이국땅에서 경험해 보는 정말 색다른 즐거움이었다. 뭐 이런 친절한 사람도 다 있나 싶어 고마운 마음이 들 정도였다. 그 흑인이 돈을 달라고 요구하기 전까지는 말이다.

그 흑인은 우리 돈 2천 원쯤 되는 금액을 요구했다. 이미 우리는 충분히 즐거웠고 좋은 추억을 쌓았기 때문에 흔쾌히 지갑을 열어 대가를 지불했다. 만약 그 흑인이 처음부터 옥수수를 가지고 와서 2천 원에 사라고 했으면 어땠을까. 아마도 사지 않았을 것이다. 그러나 그 흑인이 기꺼이 자기 옥수수를 바닥에 뿌리고 비둘기들과 즐기는 방법을 보여주며 나를 만족시켰기 때문에 난 살 생각도 없었던 옥수수 값을 지불하게 되었다. 그 흑인이 먼저 손해를 감수하며 나를 만족시켜 주었기 때문에 가능한 일이라고 생각한다.

또 필리핀에서 있었던 일이다. 필리핀에서 차를 타고 가다가 횡단보도에서 신호를 기다리고 있을 때였다. 한 아이가 와서 묻지도 않고 차 앞 유리를 닦는 것이다. 안 그래도 유리가 뿌옇게 흐려져 답답하던 참이었는데 신호받는 1, 2분 만에 말끔히 유리를 닦아 놓았다. 그리고 창문을 똑똑 두드리더니 '원 달러' 하는 것이다. 대가를 달라는 말이다. 난 돈을 줄 수밖에 없었다.

만약 이 아이가 문을 먼저 두드리고 "창문 닦는데 1달러하는데 닦으시겠습니까?" 했다면 응했을까 생각해 보았다. 아마도 난 닦을 생각조차 못했을 가능성이 더 많았다. 이것도 밀라노 광장에서 있었던 일과 비슷한 경우다. 먼저 두드려서 유리 닦는데 일 달러라고 했다면 열에 아홉은 안 닦는다. 하지만 먼저 유리를 닦아 고객을 만족시킨 후 일 달러를 요구하면 열에 아홉은 돈을 주게 돼 있다. 고객을 먼저 만족시킨 점에서 그 아이가 먼저 손해를 본 경우라 할 수 있다.

이런 것이 사업의 핵심이 아닐까 생각한다. 고객을 위해 먼저 손해를 보는 것, 이 원칙은 내가 쇼핑몰을 운영하면서도 늘 적용하고 지키는 신념이 되었다. 만족한 고객들은 내게 등을 돌릴 수 없다는 걸 알고 있기 때문이다.

03

월급은
자기 스스로 정하는 것

내가 제일 싫어하는 것 중의 하나가 '연공 서열제'이다. 연수가 많다고 일을 한 것 이상의 많은 월급을 받아가는 사람이다. 능력도 없는데 자리만 차지하고 앉아서 월급만 받아간다면 회사는 발전하지 못한다. 뒤에 들어와도 열심히 하면 먼저 올라갈 수 있는 분위기를 만들어 주어야 한다. 그래야 선의의 경쟁도 하게 되고 발전이 있는 것이다. 늦게 입사한 사람이 능력이 뛰어난 경우가 얼마나 많은가.

그런데 그 '능력'이란 어떤 것일까. 능력도 여러 측도에서 보아야 한다. 일을 잘 하는 것도 능력이지만 그 사람으로 인해 회사 분위기가 밝아지면 그것도 능력이다. 성실한 것, 도덕적인 것, 인간 관계가 좋은 것 모두가 능력으로 볼 수 있다. 그 사람의 능력이 어떤 것인지 파악되면 맞는 자리에 앉히면 된다.

아이디어가 반짝이는 사람은 기획부서, 정직하고 도덕심이 있는 사람은 재무부서, 인간 관계가 좋은 사람은 고객관리 부서, 성실한 사람은 또 그에 맞는 자리에 앉혀 놓으면 최대한 능력을 발휘해 성과를 낼 수 있다. 내가 우리 회사의 부서 이동을 자유롭게 하는 것도 다 그런 이유 때문이다. '너에게 맞는 자리에 가서 최대의 성과를 내어 보라'는 것이 내 생각이다.

우리 몸의 여러 지체가 다 제자리에서 각자의 역할을 하듯 회사도 이런 식으로 분위기를 만들고 적재적소에 인재를 배치해 놓으면 잘 굴러가게 되어 있다. 각자에 맞는 능력을 인정해주고 믿어준 만큼 직원들도 회사에 최선을 다하게 된다.

사람들은 월급을 사장이 정한다고 생각한다. 과연 그럴까. 나는 월급은 자기 스스로 정하는 것이라고 말하고 싶다. 궤변같이 들릴지 모르지만 사실이다.

그러기 위해서는 직원 스스로가 먼저 손해 보는 자세를 가져야 한다. 백만 원받는다고 딱 백만 원어치 일을 하면 평생 백만 원밖에 못 받는다. 삼백만 원받고 싶은가. 그럼 월급이 백만 원이더라도 삼백만 원어치 일을 해라.

당신이 무슨 일을 어떻게 하는지 당신 주위의 사람들은 다 지켜

보고 있다. 당신이 삼백만 원어치 일을 하고 있다는 것을 당신 윗사람도 안다는 얘기다. 그것을 본 상사는 당신에게 자리를 만들어 주게 되고 당신은 다른 사람보다 빠르게 진급하게 된다. 어느 순간 당신은 삼백만 원 자리에 가게 될 것이다.

다시 말해 평사원 직급에서 대리의 일을 하면 대리의 직급을 줄 것이고 대리의 직급에서 과장의 일을 하면 과장의 직급을 줄 것이다. 과장의 위치에서 부장의 일을 하면 부장으로 끌어올릴 것이고 부장의 위치에서 이사의 일을 하면 결국에는 회사의 이사가 될 것이다. 내가 먼저 손해 본다는 자세로 받는 보수보다 그 이상의 일을 해보라. 내가 받고 싶은 월급만큼 열심히 일하면 결국은 그 위치까지 도달하게 될 것이다.

비싼 등록금 주고 대학을 나와 인턴으로 들어간 경우를 생각해보자. 모두들 인턴 기간 열심히 해서 정규직이 되고 싶을 것이다. 정규직으로 선택받기 위해 어떻게 해야 할까. 창의적인 아이디어를 내어 인정받고 중요한 프로젝트를 맡아 성과를 내야 한다고 생각하는가. 인턴을 어떻게 믿고 중요한 일을 바로 맡기겠는가. 스펙이 좋아서, 학벌이 좋아서, 토익점수가 높아서가 아니다. 실제로 윗사람들이 보는 것은 그런 것이 아니다. 자기에게 주어진 사소한 일을 어떻게 처리하는지를 눈여겨 본다. 능력이 아니라 업무를 대하는 태도를 본다는 점이다.

복사를 예로 들어보자. 인턴들이 가장 많이 하는 일이 복사일 것이다. 복사 업무 시키면 '내가 복사나 하려고 명문대학 나온 줄 아나' 하면서 불만이 쌓인다. 하지만 복사 하나 하는 데도 고려사항이 많다. 용지의 두께가 두꺼울 때 복사가 잘 되는지 얇을 때 잘 되는지, 한솔제지가 좋은지 한국제지가 좋은지, 복사 농도를 100%로 해야 할지, 90%로 해야 할지 등 최적의 복사 상태를 찾아내기 위해 고민해야 한다. 복사 하나를 하는 데도 남들과 다르게 최고로 잘하는 사람이 되려고 해야 한다는 이야기이다.

신발 정리를 시키더라도 대한민국에서 신발 정리를 가장 잘하는 사람이 되어야 한다는 말이다. 그렇게 사소한 일에 최선을 다하면 윗사람은 당신을 그 자리에 두지 않는다. 당신을 정규직으로 앉히고 더 중요한 일을 하나둘씩 맡기게 된다. 진급도 시켜가며 당신을 끌어올리는 것이다. 믿음은 그렇게 사소한 데서 만들어진다는 것을 명심하라.

성경 말씀에 "지극히 작은 일에 충성된 자는 큰 것에도 충성되고, 지극히 작은 일에 불의한 자는 큰 것에도 불의하니라."란 말이 있다. 작은 것, 사소한 것을 정말로 하찮게 생각하지 마라. 작은 일이라도 열심히 일하는 직원은 눈에 안 뜨일 수 없다.

나는 가끔 이런 패기 있고 당찬 직원을 만나고 싶다.
"사장님, 제가 현재 월급을 이백만 원받고 있는데, 제가 이런, 이런 창의적인 아이디를 내어서 우리 부서가 어떻게 새롭게 바뀌었고

그로 인해 매출이 이만큼 신장했으니 최소한 오백만 원은 주셔야 하는 거 아닙니까?",

"사장님! 제가 이러, 이러한 획기적인 아이디어를 가지고 새로운 사업부를 만들어 그 부서를 한번 키워서 성과를 내보고 싶습니다. 한번 믿어주시고 밀어주십시오. 실망시키지 않겠습니다."

평소 그 직원이 나에게 믿음을 준 직원이라면 나는 적극적으로 밀어줄 것이다. 그렇게 해서 성과를 내면 월급 외에 인센티브도 챙겨 줄 수밖에 없다.

회사에서 좋은 인재는 항상 부족하다. 대기업도 마찬가지일 것이다. 좋은 일거리가 많은데 도대체 누구를 시켜야 할지가 늘 고민이다. 그러니 월급은 내가 정하는 것이라는 신념을 갖고 최선을 다해 보라. 원하는 만큼 받게 될 것이라고 나는 생각한다.

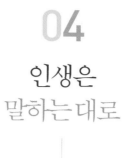

04
인생은
말하는 대로

배우 짐 캐리를 아는가. 영화 트루먼 쇼, 마스크, 덤 앤 더머 등 수많은 작품에 출연하여 특유의 코믹한 표정으로 사람들을 울고 웃긴 톱스타이다. 그의 명성에 가려진 무명시절 이야기는 어려움에 처한 많은 사람들에게 희망을 안겨준다.

짐 캐리는 아픈 어머니를 웃게 해드리겠다며 코미디를 시작했지만 아버지의 실직으로 노숙생활을 하게 된다. 이렇게는 살 수 없다는 생각에 문방구에서 가짜 백지수표를 구입하고 천만 달러, 우리 돈 100억 원에 해당되는 금액을 적어 실직으로 힘들어하시는 아버지께 드리며 1995년 추수감사절까지 진짜 수표로 바꿔 주겠다고 약속까지 한다. 그 후 정말 기적처럼 마스크, 덤 앤 더머, 베트맨 3 등의 영화가 흥행하면서 5년 뒤에는 진짜 천만 달러를 손에 쥐게 되었다는 이야기다. 기적 같은 이야기지만 나는 이런 기적을 믿는다.

'말이 생각을 지배하고, 생각이 인생을 결정한다'는 말이 있다. 짐 캐리는 힘들 때마다 백지수표를 꺼내 보며 마음을 다잡았다고 한다. 아마도 머릿속에 수백 번, 수천 번도 더 천만 달러를 되뇌었을지 모른다. 그런 그의 결심이 결국 그의 생각과 인생을 변화시켰다고 나는 본다.

나는 웬만하면 긍정적인 면만 보지 부정적인 면을 보지 않는다. 긍정적으로 밝게 자신 있게 말하면 인생도 그렇게 풀릴 것이라고 믿고 행동했다. 이런 삶의 태도가 나를 더욱 진취적으로 만들었고 강한 추진력으로 나타나 사업에서도 여러 성과를 만들어냈다.

심지어 나는 뉴스도 잘 보지 않는다. 뉴스의 99%가 사건, 사고 등 부정적인 내용으로 채워져 있기 때문이다. 이런 부정적인 내용들을 보고 있으면 내 마음이 부정적인 것들로 오염이 된다. 뉴스를 보고 기분이 좋아 힘이 나는 사람이 얼마나 될까. 요즘은 인터넷이 잘 발달되어 있기 때문에 뉴스도 내가 필요한 부분은 골라서 보면 된다. 내가 사업을 시작한 1999년 이래로 뉴스에서 경기가 좋다는 말을 한 번도 들은 적이 없다. 늘 불경기였고 소비심리가 얼어붙어 있다고 보도했다. 그러면 사람들은 장사가 안 되면 경기가 안 좋아서 그렇다고 서로 위안을 삼는다. 하지만 IMF 때도 2008년 금융위기 때도 돈을 번 사람은 엄청나게 벌었다. 뉴스에서 불황이라고 해서 다 안 되는 것이 아니라는 말이다. 된다고 믿고 도전하는 사람은 무엇이라도 이뤄내고 있지 않은가. 내가 잉크 충전방을 시작할 때 대구에는 잉크 충전방이 우후죽순 들어섰지만 지금은 거의 다 사라져버렸다. 나는 변화에 변화를 거듭하며 지금 이만큼 성장해 왔다. 세상 탓을 하지 않고 해낼 수 있다는 믿음으로 살아왔기에 이런 결과를 손에 쥘 수 있었다.

'물은 답을 알고 있다'라는 책이 있다. 에모토 마사루라는 저자는 우리의 긍정적인 말과 부정적인 말이 물의 결정에 어떤 영향을 끼치는지를 실험을 통해 직접 보여주었다. 그것은 이론이 아니라 직접 확인 가능한 사실이었다. 물은 사랑, 감사, 아름다움 등 긍정의 언어를 보여주기만 해도 아름다운 결정을 만들어냈지만 안 돼, 못된 놈, 악마와 같은 부정적 언어는 결정을 만들어내지 못하고 혐오스런 모습으로 나타났다. 우리 몸의 70%가 물이라는 점을 생각하면 어떤 말을 해야 할지 감이 잡힌다.

저자는 책에서 우주의 모든 것이 '파동'이고, 파동의 법칙에 따라 움직인다고 전제하며 행복한 인생을 살고 싶으면 '행복'에 파장을 맞추라고 말한다. 나는 그 말에 따라 나의 꿈과 비전에 파장을 맞추고 있다. 그러니 나의 말과 행동도 그렇게 변화되어 가는 것이고 내 주변에도 비슷한 성향의 사람들이 모이게 된다.

나는 사람들에게 현재 내가 어떤 사람을 만나고 있는지를 보면 미래를 알 수 있다고 말한다. 어떤 사람은 만나면 희망을 얘기하는데 어떤 사람은 절망적인 나쁜 상황만 말하고 불평만 늘어놓는다. '인생이 말하는 대로 된다'는 것을 알았다면 희망과 긍정의 언어, 도전과 쟁취의 언어를 사용하라. 그리고 그런 사람과 어울려라.

나는 면접을 볼 때도 남 탓하는 사람은 절대 뽑지 않는다. 전 직장을 그만둔 이유가 사장이나 회사 분위기, 동료들 탓이라고 말하는 사람은 어디를 가도 불평하게 되어 있다. 축구 못하는 사람이 축구장을 바꾼다 해서 축구를 잘 할 수 있는 게 아니다. 자신의 축구 실력이 문제지 축구장의 문제가 아니라는 말이다. 불평도 어쩌면 습관일 수 있으니 자신을 돌아볼 줄도 알아야 한다.

말하는 대로 이루어진 경험이 나에게도 있다. 힘들게 다마스를 끌고 장사하던 시절 나는 마흔 전에 우리나라에서 가장 좋은 차를 타겠다고 말했다. 그런데 서른아홉 살 되던 해 9월 우리나라에서 가장 좋은 차 에쿠스를 타고 있었다. 더 비싼 차를 타겠다고 말했다면 어땠을까 생각해본다.

내 아내도 마찬가지 경험이 있는데 아내는 결혼 전에 남편이 될 사람의 4가지 조건을 공공연하게 말하고 다녔다고 한다. 그 조건은 장남이 아닐 것, 시댁이 멀리 있을 것, 담배를 안 필 것, 종교적 신념이 같을 것이었다. 친정어머니가 맏며느리로 시집와 담배 피는 시어머니 밑에서 너무 시집살이를 해서 그런 소원을 갖게 되었다고 한다. 그런데 그 네 가지 조건을 모두 만족시키는 사람이 바로 나였던 것이다. 이것도 말하는 대로 이루어진 셈이다.

소주도 사랑한다고 하면 맛이 더 달고 부드러워지고 양파도 긍정의 말을 해줄 때 더 잘 자란다고 했다. 이런 것을 보면 말의 힘이 실로 대단하다. 차마 말을 함부로 할 수 없는 이유다.

생각을 바꾸기 힘들면 말이라도 긍정적으로 바꾸어서 인생을 더 행복하게 변화시켜 보는 것도 지혜이다. 지금부터라도 그렇게 바꾸어 보라. 그 증거가 나다.

05

열정이 만든
이야기

샌프란시스코 리츠칼튼 호텔의 청소부 버지니아 아주엘라를 아는가. 그녀는 호텔 청소부다. 평범했던 그녀 때문에 리츠칼튼 호텔은 높은 생산성과 최상의 서비스 품질로 미국 생산성 및 품질 대상인 '말콤볼드리지 대상'을 수상했고, 그 덕분에 그녀는 호텔 직원에게 주는 가장 명예로운 '파이브 스타상'을 수상했다. 미국의 경영평론가 탐 피터슨은 그의 저서에서 전형적인 미국 지식인으로 소개하기도 했다.

그녀는 어떻게 청소부로서 그렇게 명예로운 상도 받고 지식인으로 인정받았을까. 아주엘라는 필리핀에서 태어나 27세의 나이로 미국으로 건너갔다. 고졸 출신의 그녀가 미국에서 할 수 있는 일이라고는 청소부밖에 없었다. 그녀는 홀리데이인 호텔에서 청소 일을 하다 1991년에는 리츠칼튼 호텔에서 일을 하게 되었다. 이 호텔에서 그녀는 '총괄 품질경영'에 관한 교육을 받게 되는데 다른 청소부들은 마지못해 교육에 참석했지만 그녀는 오랫동안 청소부 일을 하면서 터득한 것들을 교육과 접목시켜 자신이 무엇을 할 수 있는가를 생각했다.

그녀는 객실 서비스야말로 호텔 이미지를 결정짓는 가장 중요한 업무라고 생각했다. 객실 서비스의 주된 일이 청소와 정돈인데 20년간 쌓아온 노하우를 바탕으로 남들보다 빨리 효율적으로 일 처리를 해냈다. 또한 청소도구와 비품을 담는 카트에 수첩을 늘 걸어두고 거기에 고객 이름과 습관, 요구 사항 등을 메모했다가 그 고객이 두 번째로 투숙할 때는 메모 내용을 바탕으로 맞춤 서비스를 제공했다. 투숙객을 대할 때는 반드시 이름을 불러주어 투숙객들에게 좋은 인상을 남기기도 했다.

청소 작업을 빨리 하기 위해 베드메이킹(침대보 정리) 방법이나 욕실 청소 방법도 개선했다. 당시 리츠칼튼 호텔에서는 과학적 동작 연구와 실험을 통해 2인1조로 침대보를 정리하고 있었지만 아주엘라는 거기서 나아가 아예 침대 사이즈에 맞게 침대보를 까는 순서의 역순으로 접어두어 작업 속도가 빨라지게 했다. 거기다 객실 청소시 발생되는 문제점을 보다 빨리 해결하기 위해 문제를 발견하면 먼저 해결해주고 사후에 보고하도록 시스템도 바꿔나갔다.

무엇보다 그녀는 이런 자신만의 노하우를 매일 이뤄지는 라인업 미팅에서 모든 직원에게 공개해 공유할 수 있도록 했다. 이후 리츠칼튼 호텔은 높은 생산성과 최상의 서비스 품질로 '말콤볼드리지 대상'을 수상했는데 아주엘라의 공이 매우 컸다. 이쯤 되면 청소가 허드렛일로만 보이지 않을 것이다. 남들은 인정해주지 않아도 자신의 일에 최선을 다한 결과 그녀는 최고의 영예를 안았다.

아시아 최고 갑부 청쿵 그룹 창업자 리자청의 이야기도 귀감이 된다. 그는 중학교 1학년을 중퇴하고 생업에 뛰어들어 찻집 종업원에서 시곗줄과 허리띠를 파는 행상을 하다가 플라스틱 제조업체에 들어가 입사 1년 만에 총경리라는 고위직에 오른다. 하지만 자신의 꿈이 있어 22세에 회사를 나와 '청쿵 플라스틱'을 창업해 플라스틱 장난감을 생산하는데 한동안 사업이 잘 되지 않아 자금난에 시달렸다. 사업이 부진한 이유가 남들과 똑같은 장난감을 만들기 때문이라고 생각한 리자청은 남들과 다른 무언가가 없을까 고심했다. 그러던 중 영문판 '플라스틱'이라는 잡지에서 이탈리아의 한 회사가 플라스틱으로 조화를 개발하는 데 성공했고 대량생산에 들어간다는 기사 하나를 발견했다.

"바로 이거다!" 그는 그 길로 이탈리아로 날아가 그 회사의 청소부로 취직해 폐기물 처리를 담당했다. 낮에는 일을 하며 회사 사람들과 친분을 쌓았고 밤에는 집으로 기술자들을 불러들여 핵심 기술에 대한 정보를 수집했다. 이후 홍콩으로 돌아와 플라스틱 조화로 크게 성공해 청쿵그룹 성장의 밑거름을 마련했다. 그는 부동산, 항구, 전신, 전력, 유통 판매 분야까지 사업을 넓혀 세계에서 손꼽히는 '청쿵공업 유한회사'라는 그룹으로 성장시켰다. 아시아 최고 갑부라는 타이틀이 그냥 주어지는 것이 아님을 알게 되었다.

아주엘라는 청소라는 허드렛일로 최고의 자리에 앉았고 리자청은 적자에 허덕이던 회사를 살려내기 위해 과감히 청소부가 되기를 자청했다. 이 두 사람은 자신의 일에 모든 열정을 쏟아부어 최고가 된 경우다. 무슨 일을 하느냐가 아니라 어떻게 그 일을 하느냐가 더 중요하다는 것을 보여주는 좋은 사례들이다.

'새파랗게 젊다는 게 한 밑천'이라는 노래 가사도 있지 않은가. 젊다는 것, 나의 여러 불리한 여건을 연료 삼아 열정을 불태운다면 각자 분야에서 최고가 될 것이라고 믿는다.

06

진정한
부자란?

14세기 백년 전쟁 당시 영국군에게 포위당한 프랑스인 도시 '칼레'가 1년을 버티다 영국에 항복하게 된다. 칼레시 항복사절단은 영국왕 에드워드 3세에게 자비를 구하지만 점령자가 제시한 항복 조건은 '누군가 그동안의 반항에 대해 책임을 져야 한다.'는 것이었다. 그러면 칼레 시민의 생명을 보장해주겠다는 것이다.

"책임?"

항복사절단은 숨을 죽이고 아무런 말을 하지 못했다.

"이 도시의 시민대표 6명이 목을 매 처형받아야 한다."

광장에 모여 이 소식을 들은 칼레의 시민들은 도대체 누가 죽으려고 자청할 것인지 서로의 눈치만 살폈다.

"도대체 누가 죽으려고 자청한단 말인가?"

"그래도 그들만 죽으면 나머지 사람들은 살 수 있는 거잖아!"

바로 그때 혼란에 빠진 광장 시민들 사이로 천천히 일어나는 한 사람이 있었다.

"내가 그 여섯 사람 중 한 사람이 되겠소!"

칼레시에서 가장 부자인 '외스타슈드생 피에르'였다.

"자 칼레의 시민들이여, 나오라! 용기를 가지고."

그러자 뒤이어 시장, 상인, 법률가 등 부유한 귀족들 다섯 사람이 교수형을 자처했다. 그렇게 대신 죽을 여섯 명이 결정된 다음 날 점령자의 요구대로 이들 여섯 명은 속옷 차림에 목에는 밧줄을 걸고 칼레시와 칼레 시민들을 구하기 위해서 교수대를 향해 무거운 발걸음을 옮긴다.

그러나 이들이 처형되려던 마지막 순간 임신한 왕비의 간청을 들은 영국왕 에드워드 3세가 죽음을 자처했던 시민 여섯 명을 살려주게 된다. 이후 이 짧은 이야기는 한 역사가에게 기록되어 여섯 시민의 용기와 희생정신은 높은 신분에 따른 도덕적 의무인 노블레스 오블리주의 상징으로 지금까지 이어져 내려오고 있다.

-출처 지식채널e

노블레스 오블리주의 유래는 이렇다.

노블레스 오블리주하면 우리는 마이크로소프트 창업자 빌 게이츠, 세계적 투자자인 워렌 버핏, 소로스 펀드메니지먼트 회장 조지

소로스, 페이스북 창업자 마크 주커버그 등을 쉽게 떠올린다. 그들도 물론 훌륭하지만 나는 우리나라의 부자 경주 최씨 부자야말로 노블레스 오블리주의 모범이 아닌가 한다.

경주 최 부자는 우리 역사상 가장 오랜 시간 부를 유지한 가문이다. 엄청난 부로 200년간 유럽을 지배했던 메디치 가문보다 무려 100년을 더 부를 유지했다. 최치원 17세손 최진립의 손자 최 국선(1631~1682, 19세손)부터 28세손 최 준(1884~1970)에 이르는 10대 약 300년간 부를 유지했는데 이 가문에는 대대손손 전해지는 가훈이 있다. 나는 이 가훈을 읽을 때마다 '진정한 부자'가 어떤 것인지 겸손한 마음으로 배우게 된다.

첫째, 과거를 보되, 진사 이상은 하지 마라.
둘째, 재산은 만 석 이상 지니지 마라.
셋째, 과객을 후하게 대접하라.
넷째, 흉년기에는 땅을 사지 마라.
다섯째, 며느리들은 시집온 후 3년 동안 무명옷을 입어라.
여섯째, 사방 백 리 안에 굶어 죽는 사람이 없게 하라.

과거를 보되 진사 이상은 하지 말라는 이야기는 부를 유지하기 위해서는 최소한의 양반 신분을 유지할 정도로만 벼슬을 하라는 이야기로 조선 사회가 양반 사회여서 붙은 조건이며 부를 유지하기 위해서는 어느 정도 배워야 한다는 뜻도 담겨 있다.

재산을 만 석 이상 지니지 말라는 이야기는 농사를 짓는 노비와 소작농을 생각하는 마음이며 과객을 후하게 대접하라는 것은 평소 이웃을 살피며 나눔을 실천하라는 의미이다.

흉년기에 땅을 사지 말라는 것은 백성들과 아픔을 함께 하되 정당한 방법으로 부를 늘리라는 의미이며 며느리에게 3년간 무명옷을 입히는 것은 부의 기본이 근검절약 정신임을 강조하고 있다. 사방 백 리 굶어죽는 사람이 없게 하라는 것은 가진 자로서 지역사회에 대한 책임을 갖고 받은 만큼 사회에 환원한다는 뜻이라고 한다. 경주에서 사방 백 리면 감포, 포항, 영천, 밀양에 이르고, 춘궁기에는 100만 명 정도가 최 부잣집의 혜택을 받았다고 하니 최 부자의 마음 씀씀이가 일반 사람의 상상을 뛰어넘는다.

최 부잣집은 또 물건을 거래하는 도리에 대해서도 가르치는데, 물건을 살 때는 마음속으로 내가 팔면 얼마를 받겠는가를 생각하고, 팔 때는 내가 사면 얼마를 주겠는가를 짐작하여 팔아야지 너무 잇속을 챙기지 말라고 가르쳤고, 남이 절박하여 물건을 헐값으로 내놓아도 제값을 주라고 가르쳤다 한다. 얼마나 신사적인가? 우리가 흔히 부자라고 하면 떠올리는 '부정축재'와는 거리가 먼 이야기다. 도덕적이고 정당하게 재산을 모았다는 이야기다.

이렇듯 최 부자는 남의 불리한 점을 이용하여 재산을 늘리지 않았기 때문에 백성들로부터 미움을 사지 않았다. 동학혁명이 일어났을 즈음, 활빈당이라는 무리들이 탐관오리와 양반들을 상대로 약탈과 살인을 서슴지 않았지만 최 부자 집이 무사했던 것도 소작인들과 하인들이 나서서 최 부자의 덕행을 알리며 막아선 덕분이었다. 선대부터 아랫사람이나 가난한 이웃에게 덕을 베풀지 않았다면 최씨 부자의 부가 3대를 넘지 못했을 것이다.

유한양행 창업자 유일한 박사를 모두 알 것이다.

"기업에서 얻은 이익은 그 기업을 키워준 사회에 환원하여야 한다."며 기업의 사회 환원을 몸소 실천한 인물이다. 일제강점기 때 나라가 건강해지기 위해서는 국민이 건강해야 한다는 사명감을 갖고 제약회사를 설립했고 사업이 안정기에 들어서는 중학교, 공업고등학교 등 교육 사업에도 뛰어들었다. 그에게는 늘 국가와 교육, 기업이 가정보다 우선 순위였다. 하나뿐인 외아들에게도 "대학까지 공부시켜 주었으니 너 스스로 길을 개척하라."며 재산을 하나도 물려주지 않았고 심지어 제3자인 조권순 사장에게 경영권을 물려주기 위해 당시 부사장이었던 외아들과 조카를 해고시킨 사실도 유명하다. 국내 최초로 종업원 지주제를 도입해 자신의 주식 지분 52%를 사원에게 넘겼고 타계 후에는 자신의 모든 주식을 유한재단에 기부했다. 또한 정치인들의 정치후원금 요구에 불응해 세무조사를 받기도 했는데 그때 털어도 먼지 하나 나오지 않는 유일한 대기업이라는 사실이 증명되어 모범납세 기업으로 선정되기도 했다고 한다. 전부 다를 내어 놓기는 참으로 어렵다. 유일한 박사의 사회 환원에 대한 굳은 의지와 청렴한 삶이 그래서 더 외경심을 불러일으키는 것 같다.

나 역시 마찬가지이다. 고객이 있기에 현재의 다다오피스가 있고, 직원들이 있었기에 여기까지 온 것이다. 나는 사업체가 커질수록 교만해지지 않기 위해 늘 최 부자 이야기나 유일한 박사의 삶을 떠올린다. 고객과 직원들이 함께 기업의 가치를 공유할 수 있도록 사회적 책임을 다하는 것도 소홀하지 말아야 할 일이다.

SK 고 최종현 회장이 이런 말을 했다고 한다. 기업인으로서 명심해야 할 부분이기에 여기 옮겨 본다.

기업은 수익을 창출해 세금을 내고 성과를 모두와 나누기 위해 존재한다. 돈을 벌기 위해 사업하는 사람은 장사꾼이다. 돈만 벌겠다면 그건 그리 어려운 일이 아니다. 장사꾼과 기업가의 차이는 무엇보다 돈을 어떻게 쓰느냐에 있다. 자신의 이익보다 나라 경제를 먼저 생각하라.

기업 이익의 사회 환원이라는 이 말이 싫다. 기업은 사회에 책임이 있는 것이 아니라 사회에 빚을 지고 있는 것이다. 기업의 이익은 처음부터 사회의 몫이다.

07
기부는
씨를 뿌리는 행위이다

재물은 물과 같다. 움켜쥐면 쥘수록 다 빠져 나간다. 두 손에 물을 잡고 꽉 움켜쥐어 보면 알 수 있다. 반대로 손을 펴 보라. 손바닥 안에 물이 고인다. 고인 물은 새가 와서 마실 수도 있고 증발해서 어딘가로 날아가 돌고 돌 수도 있으며 비가 와서 새롭게 채워질 수도 있다.

재물도 돌고 돌아야 한다. 내가 물질의 종착지가 되어서는 안 된다. 나는 그저 물질이 지나가는 하나의 통로일 뿐이다. 재물을 움켜쥐면 결국 그 재물이 사람을 치게 된다. 나는 그 말에 공감한다. 돈이 나에게 들어오기 위해 얼마나 많은 사람들을 거치는지 생각해 보라. 살인한 강도가 뺏은 돈으로 내 물건을 샀을 수도 있지 않을까.

그러면 그 돈은 밖으로 내보내 정화를 시켜 주어야 한다. 그래서 먼저 내놓으며 돈을 돌고 돌게 해야 한다. 이것이 나의 돈 철학이다.

내가 배달 다닐 때의 일이다. 장사가 어느 정도 될 때였던 것 같다. 공무원 시험을 준비하는 친구가 있었다. 결혼을 했지만 공부만 하느라 아내에게 돈 달란 말도 못하고 생활고로 힘들어하고 있었다. 친구가 말을 하지 않아도 그 힘겨움이 전해졌기에 나는 백만 원을 만들어 친구에게 용돈으로 쓰라고 주었다. 친구가 나중에서야 그때 너무 힘들었는데 정말 고마웠다고 마음을 털어놓았다. 하루 동안 나를 따라다니며 물건도 내리고 배달도 해 보았더니 너무 힘들었는데 그렇게 힘들게 번 돈을 기죽지 말라고 친구에게 선뜻 내주어 고마웠다며 몇 번이나 말했다.

또 한 번은 처형의 아이가 뇌종양 판정을 받았다. 돈을 마련할 형편이 안 되는 처형을 보니 도울 사람은 나밖에 없는 것 같았다. 사람은 돈이 있으면 겁을 덜 낸다는 것을 알고 처형에게 일단 먼저 백만 원을 찾아서 손에 쥐어 주었다. 어떻게든 돈 들어가는 일이 있으면 더 도울 테니 치료비 걱정은 하지 말고 치료부터 시작하라고 했다. 당시 아내가 임신 중이었는데 소식을 듣고 눈물 흘리는 것을 보니 마음이 아팠다. 아내가 그 사실을 알고 무척 고마워했다. 처형도 암담했던 순간에 큰 힘이 되었다고 고마운 마음을 전해 왔다.

나는 사업이 잘 되든 그렇지 않든 꾸준히 나눔을 실천하려고 했다. 얼마 전에는 한국국제기아대책기구에서 15년간 후원을 해주었다며 '후원 15주년 기념증서'를 주었다. 2001년부터 국내 외 아동들과 결연을 맺어 후원해왔는데 어느 날 15주년이라고 기념패를 만들어서 주니 내가 오히려 감사한 마음이었다.

전국자원봉사연맹과 천사의집 무료급식소가 실시하는 따순밥상 전하기 운동에 동참해 지속적인 후원을 해왔다며 2013년 12월에는 나눔천사가게 인증을 받았고, 같은 해 8월에는 예비 사회적 기업으로도 지정되었으며 대한적십자사와 함께 지역 사회의 어려운 이웃을 위한 희망나눔운동에 동참해 '희망나눔기업'으로도 선정되었다.

2009년에는 소년소녀 가장과 독거노인을 후원한 사실이 알려져 대구 시장이 수여하는 선한시민상도 받았고, 2015년 초에는 배달 다닐 때 법륜 스님 테이프를 듣고 정신적으로 도움을 받았던 기억을 떠올리며 정토회에서 운영하는 JTS에 아내 이름으로 천만 원을 기부하기도 했다.

나는 (사)국제장애인문화교류 대구광역시협회의 이사직과 전국자원봉사연맹 운영 이사도 맡고 있는 등 책임 있는 기업인으로서 지역사회에 기여할 수 있는 방법이 무엇일까 늘 고심하고 있다.

"퍼주고 망하는 가게는 없다."는 말을 자주 한다. 이 말은 "먼저 손해 본다."는 나의 신념과도 통하는 말이다. 고객에게 질 좋은 제품과 서비스를 제공한다는 의미로도 쓰이지만 기업의 사회적 책임을 말할 때도 적용시키고 있다.

다다오피스가 있기까지 많은 사람들의 도움이 있었다고 앞에서도 말한 바 있다. 가장 먼저 고객들과 직원들이 있었고 나를 믿고 거래해준 거래처 분들과 내가 일에 전념할 수 있도록 가정을 챙겨준 아내 그리고 나의 아이들과 가족, 심적으로 의지가 되어주신 분들, 일일이 나열하지는 못하지만 늘 그분들께 고마운 마음이다. 도움을 받은 만큼 베풀어야 한다는 것이 나의 삶의 철학이기에 힘든 시절부터 작게나마 마음을 전하려 노력해왔다.

종교생활을 할 때부터 내 수입의 일부를 기부하는 것에 대해서도 주저하지 않았다. 99년 낮에는 배달을 다니고 밤에는 불교를 공부했을 때도 하루 만 원을 벌든 2만 원을 벌든 일정 부분을 보시했다.

'기부는 씨를 뿌리는 행위'라고 말한다. 내가 뿌린 씨앗이 자라 열매를 맺고 그 씨가 다시 자라 열매를 맺어 어떤 형태로든 돌고 돌아온다는 믿음이 있다. 또한 고객들로 인해 성장한 기업이니 그 감사함을 사회로 돌려주는 것은 우리 기업의 의무이기도 하다.

08

생각하는 대로 보이고
상상하는 대로 이루어진다

일체유심조一切唯心造라는 말은 마음이 모든 것을 지어낸다는 뜻이
다. 원효가 해골에 고인 물을 마시고 깨달음을 얻었다는 것은 잘 아
는 이야기다. 몰랐을 때는 해골물이 달고 시원했지만 알았을 때는
구역질을 했다. 구역질의 원인이 썩은 물 때문인가 내 마음 때문인
가. 썩은 물이 원인이었다면 어젯밤에 토했어야 맞다. 결국 다 마음
의 장난이었던 것이다.

　'너 자신을 알라'는 말도 네가 네 인생의 창조자니 마음의 위대한
힘을 알라는 것이고, 예수의 '네 믿음대로 될지어다'는 말도 같은 맥
락이라고 생각한다.

'7일간의 시간 여행'이라는 교육방송 다큐가 있었다. 7~80대 노인들을 30년 전 환경에서 일주일을 지내게 한 뒤 살펴보니 인지능력이나 운동신경 등이 일주일 전보다 훨씬 나아지는 결과를 확인할 수 있었다. 나이를 먹었다고 생각하면 의존적이고 노쇠해지지만 젊어졌다고 생각하는 순간 몸도 같이 젊어지는 놀라운 결과를 보여주었다.

나는 지인들에게 일체유심조란 말을 자주 한다. 많은 인연의 도움도 있었지만 내가 마음먹은 것에는 모든 열정을 받쳤고 좋은 성과를 얻어냈다. 공고 졸업이라는 학력과 가난은 사회적 통념으로 보면 성공의 걸림돌이 될 수도 있었다. 그러나 나는 한 번도 나의 학력이나 가난 때문에 장애를 받은 적도 없었고 대학을 가지 못한 것을 후회하지도 않았다. 오히려 낮은 학력과 흙수저의 삶이 나를 더 노력하게 만드는 추진력으로 작용했다.

어떤 사람에게는 걸림돌이 어떤 사람에게는 디딤돌이 된다. 그것은 내 마음이 결정하는 것이다. 걸림돌이라 생각하면 걸려 넘어지고 디딤돌이라 생각하면 그것을 밟고 더 높은 곳으로 뛰어오를 수 있다. 학력, 스펙, 배경 이런 것들 때문에 자신의 무한한 가능성을 한계 짓는다면 매우 안타까운 일이다.

저성장 고실업의 시대라는 말을 많이 한다. 내가 할 수 있다는 믿음을 가지면 그 말은 내게 아무 영향을 미치지 않지만 내가 '저성장, 고실업'이라는 말을 되뇌며 모든 것들을 사회 탓으로 돌려 버리면 내가 할 수 있는 것은 없어진다. 사회 변화도 변화시킬 수 있다는 믿음을 가진 사람들이 변화를 만들어낸다.

미꾸라지를 운송할 때 천적인 메기를 한 마리 넣으면 미꾸라지를 더 건강하고 생기 있는 상태로 운송할 수 있다고 한다. 메기한테 잡아먹히지 않으려고 활발하게 움직이기 때문이다. '메기 효과 이론'이라고 하는데 가혹하고 불리한 상황이 오히려 더 나은 결과를 만들어낼 수 있다는 얘기다.

나는 복사용지 하나로 사업을 시작했지만 생활용품, 공구, 완구, 문구, 화방용품, 식음료, 레포츠용품까지 점점 확장해 가고 있다. 내가 처음부터 문구업계나 생활용품업계에서 일을 해왔다면 나의 한계는 문구나 생활용품에서 벗어나지 못했을 가능성이 크다. 내가 관련업계에서 일을 배우지 못한 것이 오히려 장점으로 작용해 내 시야와 활동 반경을 넓힌 셈이다. 나는 사업이나 종교나 선을 그어두지 않는다. 그러니 지금은 한계를 벗어나 매장도 관련 업계에서 전국에서 제일 크고 나의 방식을 배우려는 사람들도 많이 찾아온다. 내가 마음먹기에 따라 한계도 극복해 낼 수 있는 것이다.

나는 젊은 대학생들에게 이렇게 말한 적이 있다.
"원하는 것을 끊임없이 상상하라."

행복도 불행도 자기 마음으로 선택하는 것이다. 성공도 마찬가지다. 그러니 끊임없이 자신의 성공한 삶, 행복한 삶을 그려 보라. 나 역시 새로운 도전을 꿈꾸고 있다.

나는 아직도 'The end'가 아닌 'Ing' 상태다. 이 책으로 또 하나의 새로운 미래를 꿈꾸고 있다.

epilogue

흐르는
물처럼

물도 고이면 썩게 된다. 일급 청정수도 오래 두면 몸에 해로운 물이 되고 만다. 어려웠던 지난 과거가 지금의 나로 만들어 주었다. 남들은 대단하다고 하지만 그런 말에 자칫 자만심을 가지지 않을까 염려스러워 한 번씩 마음을 다지기도 한다. 가장 무서운 적은 세상도 타인도 아니다. 자만심에 가득 차 안주하는 것, 그것이 가장 위험한 적이다. 난 그런 것들이 내 마음을 채울까 두렵기도 했었다. 그래서 자만과 교만이란 것을 흘러내 버리려 노력했다.

남들이 인정해 주는 성공이라는 단어를 가졌다고 책을 쓴 건 결코 아니다. 이제는 지난 일들을 쓸 수 있는 용기가 생겼다. 지난날 나와 같은 어려움 속에 있는 사람들에게 작은 등불이 되었으면 좋겠다는 바람이 들었다.

글을 쓰기 위해 옛일들을 떠올려 보면서 겸손이라는 선물을 받게 되었다. 빛바랜 옛일들이 생생하게 머리를 채우며 그 시절의 처절한 마음이 느껴졌다. 지금의 성공이라는 단어에 들떠 자칫 내 마음에 건방이라는 것은 없었는지 되돌아보는 기회, 너무 뜻깊고 좋았다.

다시 한 번 내 미래에 주먹을 쥘 수 있게 하는 힘이 되었다. 하늘의 뜻을 안다는 지천명의 나이가 되었다. 그 나이 뜻에 맞게 하늘의 뜻과 이치를 깨닫고 있는지도 생각해 보았다. 여러 모로 내게 의미있는 시간이었다.

불타오르는 젊음의 열정이 여기까지 이끌어 왔다. 이제는 나이에 맞게 깊고 잔잔한 물처럼 깊이 있는 나를 만들어야겠다는 새로운 각오를 가지게 되었다. 내 책이 누군가에게 용기와 희망을 주었으면 좋겠다는 바람을 가졌었다. 그런데 내 자신에게 더 큰 용기와 또 다른 소망을 갖게 해주었다.

인디언의 기우제는 반드시 이루어진다고 한다. 그 이유는 인디언들은 비가 올 때까지 한 달이고 석 달이고 기우제를 지내기 때문이다. 끝까지 물고 늘어지는 끈기의 근성이 있는 사람은 결국 해내고 만다. 나 역시 이런 근성이 없었다면 여기까지 올 수 없었다.

끝까지 해내고야 마는 끈기는 처절한 자기와의 싸움에서 이겨 내게 한다. 뭐든 처음이 어려운 법이다. 하다 보면 습관이 되어 자신의 것으로 자리 잡게 된다. 생각 역시 마찬가지이다.

안 된다, 못 한다는 생각은 자신감 결여뿐 아니라 모든 걸 부정적으로 받아들이게 만든다. 하지만 된다, 할 수 있다는 생각은 부족한 자신감에 힘을 실어 준다. 그것이 이루어졌을 때의 성취감을 한 번 맛본 사람들은 새로운 것에 대한 두려움을 극복하는 자신감을 가지게 된다.

생각도 하기에 따라 습관으로 정착되어진다. 세 살 버릇 여든까지 간다는 말이 있지 않은가. '습관을 바꾸면 인생이 바뀐다.'

나는 이 말에 전적으로 공감한다. 노숙자 시절 푸념만 하며 따뜻한 공간만 찾아다녔던 나, 그때는 미래가 아닌 바로 눈앞에 보이는 현실에만 관심이 있었다. 추운 거리를 피해 찾아들었던 건물 안 화장실. 깨진 창문의 화장실은 밖과 다를 게 없었다. 그때 계단에 쭈그리고 앉아 '더 이상 이대로는 안 돼!'라는 내 확고한 의지가 생각의 틀을 바꾸어 놓게 되었다.

새뮤얼 스마일즈의 명언을 좋아해 늘 가슴에 새겨두고 있다.

생각을 바꾸면 행동이 바뀌고,

행동을 바꾸면 습관이 바뀌고,

습관을 바꾸면 성격이 바뀌고,

성격을 바꾸면 운명이 바뀐다.

오늘의 생각이 내일을 바꾸고 10년 후를 완전히 다르게 만들 수 있다고 생각한다. 그래서 조금이라도 안이해지거나 부정적인 마음이 들 때면 생각을 바로 잡아보려 노력하고 있다.

나는 한계 짓는 것을 좋아하지 않는다. 한계라는 것은 고정관념과 편견의 틀을 만들어 버린다. 그 틀은 도전을 방해하고 두려움만 커지게 만든다. 열정 하나로 맨주먹으로 땀을 흘리고 다닐 때는 몰랐었다. 그런데 나이가 들고 회사를 경영하다 보니 유연적인 사고가 얼마나 중요한지 깨닫게 되었다. 창의적인 사고를 방해하는 고정관념과 편견의 틀. 그 틀이 강할수록 세상에 대항할 면역력만 떨어뜨리게 된다.

인디언 민화를 읽고 공감하며 내 자신을 되돌아본 적이 있었다.
한 소년이 산에서 독수리 알 하나를 주워와 암탉 둥지에 넣었다. 암탉은 자신의 알처럼 품어 부화시켰다. 알에서 깨어난 새끼 독수리는 병아리들과 함께 어울리며 병아리처럼 자라다 보니 자신이 가지고 있는 날카로운 발톱과 강력한 날개를 사용할 줄 몰랐다. 들쥐떼가 닭장을 습격해 닭들은 몸집이 큰 독수리가 들쥐들을 쫓아줄 것으로 기대했지만 오히려 닭들보다 더 떨며 도망을 다녀 독수리는 닭들로부터 '모이만 축내는 겁쟁이'로 왕따를 당했다. 그 순간 독수리는 하늘을 멋지게 날고 있는 독수릴 보게 되었고 "아! 정말 멋진 새로구나. 나도 저런 당당한 독수리가 될 수 있다면 얼마나 좋을까?"

하며 부러워하였다는 이야기가 있다.

자신이 가진 능력을 알지 못하고 남의 모습만 부러워한다는 뜻이다. 누구에게나 한두 가지의 능력은 있다. 그걸 끄집어내 개발하느냐 무덤까지 갖고 가느냐가 문제이다.

젊은 시절 종교단체에서 수백 명의 사람들 앞에서 강의를 했던 경험이 있다. 난 그 재능을 다시 펼쳐보고 싶다. 많은 사람들에게 희망을 주는 역할을 하고 싶다. 책을 쓰면서 찾은 내 미래의 모습이다.

여기까지 오는 동안 가슴으로 응원해준 가족들과 다다오피스에서 열정을 쏟아준 직원들, 다다오피스를 믿고 찾아주시는 고객님들, 물심양면으로 지지해주고 도와주었던 많은 분들께 다시 한 번 감사의 인사를 전하고 싶다.